国家の統計破壊

明石順平
Akashi Junpei

インターナショナル新書 038

まえがき

２０１８年12月28日、厚生労働省（以下、厚労省）毎月勤労統計調査（賃金、労働時間及び雇用の変動を明らかにすることを目的に厚労省が実施する調査）において、不正が発覚した。東京都の５００人以上の事業所については全数調査をするとされていたにもかかわらず、１４００ある該当事業所の約３分の１である５００事業所しか調査していなかったのである。「統計不正」として大きく報道され、注目を集めることになった。

その後、不正調査は２００４年から始まっており、これによって賃金が下振れし、雇用保険の支給額も本来より過少になっていたことが判明し、大きな混乱をもたらしている。さらには、約３分の１しか調査していなかった点について、２０１８年１月からのみ約３倍に復元して補正していたため、２０１８年の賃金がそれ以前よりも上振れしていたことが判明した。

長々と書いたが、「統計不正」というと国民が思い浮かべるのはこれらの事実であろう。しかし、その陰に、もっと重大な問題が隠れていることを、果たしてどれだけの国民が理解しているだろうか。２０１８年の毎月勤労統計における賃金伸び率は、ずっと「ウソ」の数字が公表され続けているという異常事態が起きているのである。

数字の操作がされているのは賃金だけではない。２０１９年2月18日の衆議院予算委員会で立憲民主党・無所属フォーラムの小川淳也《おがわじゅんや》議員が指摘したところによれば、第二次安倍晋三政権以降、53件の統計手法が見直され、そのうち38件が国内総生産（ＧＤＰ）に影響しているという。さらに、統計の見直しは統計委員会への申請があって初めて審査することが基本であるにもかかわらず、申請なしで10件も見直しているのである。

これは、２０１６年12月8日、「国際的ＧＤＰ算出基準である２００８ＳＮＡへの対応」を隠れ蓑《みの》にし、それとは全然関係ない「その他」の部分で異常な数字の操作がされた現象（ソノタノミクス）と関係してくる。拙著『アベノミクスによろしく』及び『データが語る日本財政の未来』（共にインターナショナル新書）でも指摘したとおりである。

端的に言えば、「賃金と消費」という、国民に最も関係の深い統計について、数字が操作されている。

「アベノミクス」がうまくいっていれば、このような姑息な行為をする必要はない。失敗を覆い隠すため、国民の目に触れないところで、統計を操作しているのである。

一連の統計操作について、野党は「アベノミクス偽装」と名付け、追及している。私も頻繁に国会に呼ばれ、その追及の一翼を担った。本書は、追及によって明らかになった異常な統計操作を暴き出していく。算出方法の変更等で大きくかさ上げしたことにより、政府統計は最も重要な「連続性」を失っており、まさに「統計破壊」と言うべき状況に陥っている。

目次

第1章
「賃金21年ぶりの伸び率」という大ウソ

算出方法の違うデータをそのまま比較

２０１８年８月、同年６月の毎月勤労統計調査速報値における名目賃金伸び率が３・６%を記録し、「賃金21年ぶりの伸び率」（又は賃金21年５カ月ぶりの伸び率）として、マスコミ各社が一斉に報道するという出来事があった。名目賃金とは額面そのままの数字のことであり、ここから物価変動の影響を除いた値が実質賃金だ。本当の購買力は実質賃金を見ないとわからない。したがって、実質賃金は国民にとって最も重要な統計といってもよい。

しかし、ここには重大なカラクリがあった。端的に言うと、賃金の算出方法を変え、従前よりも高く出るようになっていたのである。これをそのまま過去の数値と比較すると、異常な段差ができてしまうので、従前は遡《さかのぼ》って改定していた。しかし、厚労省はなぜか遡って改定するのを止めてしまったのである。その結果、賃金が異常に高い伸び率を示すことになった。

私はこの問題について、２０１８年９月10日、自分のブログ（http://blog.monoshirin.com）にて詳細に書いた。以下はそのブログ記事を元に再構成した文章である。実は厚労省がウソの説明をしていたこと等が後で発覚したのだが、**当時の状況を正確に把握していただくため、あえて当時の数字をそのまま使う。**

図1-1　標本入れ替えの寄与とウェイト更新の寄与

サンプル入れ替え前後の集計結果の差 ＝ サンプル入れ替えによる寄与 ＋ ベンチマーク更新による寄与

サンプル入れ替えによる寄与 ↓ サンプルの入れ替えの影響（標本誤差に相当）

ベンチマーク更新による寄与 ↓ 事業所規模別労働者構成比の変化の影響（ウェイト要因）

（参考）決まって支給する給与の入れ替え前後の集計結果の差（調査産業計）

（常用労働者5人以上）　　（単位 円）

	30人以上の調査対象事業所の入れ替え方式	新（入れ替え後）	旧（入れ替え前）	新旧差（入れ替え後−入れ替え前）	サンプル入れ替えによる寄与（試算）	ベンチマーク更新による寄与（試算）
2018年1月	部分入れ替え	260,186	258,100	2,086	295	1,791

サンプル入れ替え前後の賃金の集計結果の差（今回：2,086円）は、「サンプル入れ替えによる寄与」（サンプル要因）と「ベンチマーク更新による寄与」（ウェイト要因）に分解できる。今回は、サンプル入れ替えの寄与（295円）よりも、ベンチマーク更新の寄与（1,791円）が大きくなっている。

出典：厚生労働省「毎月勤労統計：賃金データの見方
～平成30年1月に実施された標本交替等の影響を中心に～」

当時厚労省が公表していた資料によれば、算出方法の変更点は次の2つである。

①サンプルを一部変更した。

②賃金算出の際に使うベンチマークをより賃金が高く出るものに更新した。

これによって、賃金は旧算出方法と比較して2086円も上振れし、そのうち①の影響が295円、②の影響が1791円であると説明されていた。詳しくは、厚労省作成資料にある**図1-1**の表のとおりだ。

実はこの2つだけではなかったことが後に明らかになるのだが、それについては後述する。

まず、①のサンプル入れ替えについて説明しよ

図1-2　標本区分と入れ替えの状況

標本の区分		標本交替の状況
第一種事業所	従業員数500人以上	全事業所が対象
	従業員数30〜499人	標本抽出により入れ替わる
第二種事業所	従業員数5〜29人	標本抽出により入れ替わる

出典：厚生労働省「毎月勤労統計：賃金データの見方
〜平成30年1月に実施された標本交替等の影響を中心に〜」

う。

毎月勤労統計調査においては、従業員30人以上の事業所を第一種事業所、従業員5〜29人の事業所を第二種事業所としている。そして、第一種事業所のうち、従業員500人以上の事業所については、全事業所を調査している（全数調査）が、それ以外の第一種事業所及び第二種事業所は一部を抽出して調査している（サンプル調査）。さらに、そのサンプル調査の対象事業所については、定期的に入れ替えていた。

具体的に言うと、5〜29人の事業所については、6カ月ごとに3分の1ずつ入れ替えており、30〜499人の事業所については、2〜3年に1回程度のペースで全部入れ替えていた。表にすると**図1-2**のとおり（前記厚労省作成資料から引用）。

そして、2018年1月から、この30〜499人の事業所について、全部入れ替えるのを止め、半分入れ替えるという手法に変えたのである。[*1]これによって、先ほど述べたとおり賃金が295円上振れすることになった（と、説明していたが、実はウソだった。詳しくは第2章以降で説明する）。

次に②のベンチマーク更新について説明しよう。これが最も大きく影響している。ベンチマークは単純に日本語に訳すと「基準」という意味である。先ほど説明したとおり、毎月勤労統計調査というのは、500人以上の事業所については全数調査だが、それを除く事業所については、一部のみ抽出する「サンプル調査」である。

他方、総務省・経済産業省が5年ごとに実施している「経済センサス」は「全数調査」だ。これは、一部の農林漁業における個人事業者等を除く全部の事業所に調査を実施しているので、正確に労働者の数を把握できる。

例えば、サンプル調査において、5～29人の事業所の割合が30％である一方、全数調査における5～29人の事業所の割合が40％だったとしよう。当然、この割合を基に全体の平均値を出すと、賃金は前者の方が高く出る。5～29人の事業所に勤務する労働者の給与は、

＊1　2019年1月も半分入れ替え、以降1年ごとに3分の1ずつ入れ替え。

30人以上の事業所と比べて低いので、それが全体に占める割合が低くなればなるほど、平均値は高く出るからである。

このように、サンプル企業のみで平均値を出してしまうと、事業所規模別労働者の比率が異なるため、真の数字である全数調査と大きくずれてしまう結果になる。そこで、サンプル調査で得られた数字が、全数調査の比率に近くなるよう調整するために用いられる係数のようなものが、ベンチマークである。以前は平成21（2009）年経済センサスを用いていたが、平成30（2018）年1月以降は平成26（2014）年経済センサスを用いるようになった。

そして、厚労省の説明によれば、平成26年経済センサスだと、5～29人の規模の事業所に勤務する労働者の割合が下がったため、以前より高い賃金になるベンチマークに変化したというのである。また先ほどの資料から表を引用しよう。**図1－3**だ。

見てのとおり、以前のベンチマークを使用した旧母集団では、「5～29人」の労働者のシェアは43・9％であった。他方、新しいベンチマークを使用した新母集団では、このシェアが41・1％であり、旧母集団と比べて2・8％も下がっている。規模が小さい事業所ほど給料が低いので、その階層の労働者の割合が減れば平均値は当然高く出ることになる。

図1-3　新旧事業所規模別労働者数等比較表

2018年1月分	旧母集団：常用労働者数（人）	シェア(%)	新母集団：常用労働者数（人）	シェア(%)	新サンプル：決まって支給する給与（円）
1,000人以上	3,252,250	6.4	3,267,932	6.6	384,825
500〜999人	2,271,270	4.5	2,541,907	5.1	341,903
100〜499人	10,040,943	19.8	10,201,217	20.5	296,257
30〜99人	12,883,435	25.4	13,226,721	26.6	251,662
5〜29人	22,268,603	43.9	20,406,521	41.1	217,512
5人以上計	50,716,501	100.0	49,644,298	100.0	260,186

出典：厚生労働省「毎月勤労統計：賃金データの見方〜平成30年1月に実施された標本交替等の影響を中心に〜」

まとめると、「①サンプルを一部入れ替え」て「②ベンチマークも更新」したので、以前よりも賃金が高く算出されることになったというのである。そして、一番の問題は、このように算出方法を変更したにもかかわらず、**なぜか過去の数値を遡って改定しなかった点である。**サンプル入れ替えやベンチマーク更新は今までも行っており、そのままにするとデータに異常な段差ができるので、遡って修正していた。しかし、今回からはそれを止めてしまったのである。

賃金の異常な伸び

その結果、賃金は異常な伸びを示すことになった。**図1－4**のグラフを見ていただきたい。

2018年1月以降はそれ以前に比べて明らかに伸び率が高くなっている。以前の3年間は、前年同月比伸び

図1-4　名目賃金前年同月比伸び率の推移

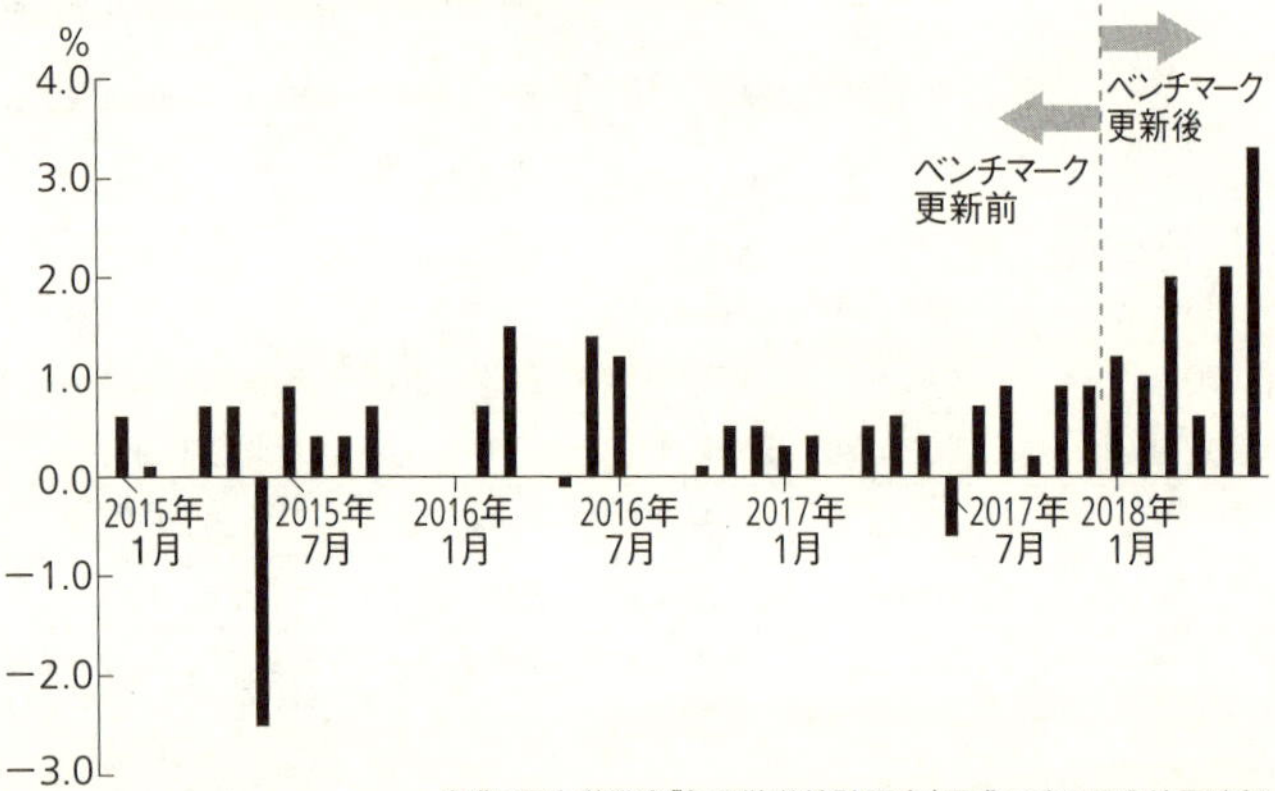

出典：厚生労働省「毎月勤労統計調査」平成30年6月分結果確報

率が１％を超えたことがたったの３回しかない。しかし、２０１８年１月以降は、４月を除いて全部１％を超えている。その上、過去３年間で一度もなかった２％以上が３回もあって、そのうち１回は３％を超えている。

このように、賃金が上振れしたにもかかわらず遡《そ》及《きゅう》改定をしなかったことにより、異常な伸び率となり、「賃金21年ぶりの伸び率」を記録したのである。しかし、算出方法が違う数字を比較しているのだからこれはウソの伸び率である。たとえるなら、①のサンプル入れ替えはちょっと背の高い別人に入れ替えて、②のベンチマーク更新はシークレットブーツを履かせたようなもの。それで身長が伸びたと言っているのである。

２０１８年６月速報値の前年同月比３・６％の賃

金伸び率が21年ぶりだったかどうかなど、記者が自分で調べて気づくはずがない。その上、私が確認できただけでも、日経、朝日、産経の3社が同じ「賃金21年ぶり」という表現を使っている。これは厚労省の官僚がマスコミへのニュースリリースの際に「21年ぶり」という数字をわざわざ入れたからである。**つまり、「わざと」ウソをついて国民を騙《だま》したのだ。**

では、本当の数字はどうなっているのか。前記のように本系列（公表値）の数字には問題があるため、厚労省は、サンプル入れ替え前後で共通する事業所同士を比較した「参考値」という数字を公表している。この参考値は、サンプルが共通するだけではなく、**ベンチマークも同じものを使用している。**したがって、本系列と異なり、異常な段差は生じない。この数字で見た場合、2018年6月の前年同月比は1・3%。本系列の速報値は3・6%だが確報値は3・3%なので、本系列とは実に2%も差があることになる。

そもそも、今までの賃金の推移を見れば、いきなり3・3%もの高い伸び率を示すことはあり得なかった。**図1－5**のグラフをご覧いただきたい。

これは名目・実質賃金指数と消費者物価指数の推移を示したものである（年度データ）。アベノミクス前との比較がしやすいよう、2012年度＝100として計算している。

図1-5　名目賃金・実質賃金・消費者物価指数の推移

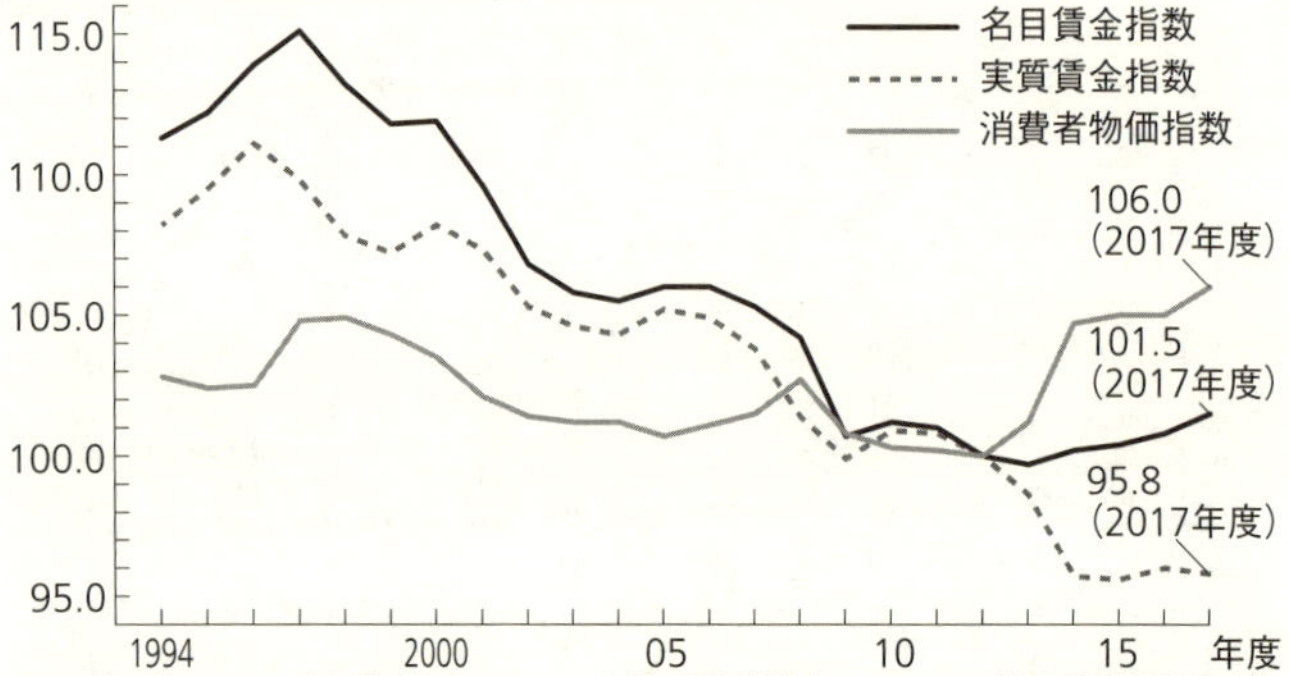

2012年度＝100とする指数。

資料：厚生労働省ホームページ「毎月勤労統計調査」、総務省統計局ホームページ「消費者物価指数」

※このデータは、私がブログを書いた当時のデータをそのまま使用している。その後、後述するとおり統計不正が発覚したため、2012年以降のデータが修正されて公表されている。しかし、2004〜2011年までの分(暦年・年度データ双方含む)について、厚労省はデータを破棄したとして修正していない。このように、最新のデータは修正の有無に違いがあり、不連続となっているので、やむを得ず修正前のデータをそのまま用いている。

なお、名目賃金指数というのは、額面そのままの賃金を指数化したものである。実質賃金指数というのは、名目賃金指数から物価変動の影響を取り除いたもの。計算式は「名目賃金指数÷消費者物価指数×100」。つまり、賃金の上昇を物価の上昇が上回ると、実質賃金が下がる。例えば、あなたの名目賃金が5%伸びたとしても、物価が10%伸びたとすれば、実質賃金は4・5%下がることになる。

話を元に戻す。このグラフを見ると、アベノミクス開始から5年も経過したのに、名目賃金はわずか1・5%しか伸びていない。他方、物価は6%も上がった。日銀の試算によれば、消費税増税による物価上昇は2％だから、残る4％はアベノミクスがもたらした円安が最も影響している。増税＋アベノミクスで物価を無理やり上げたが、賃金が1・5％しか伸びなかったので、実質賃金は4・2％も下がっている。アベノミクス前の水準に遠く及ばないままである。

ここまでの内容が、私が2018年9月10日付ブログにて記載したものである。

統計委員会も「実態を表していない」と認める

名目賃金伸び率3・6％があまりにも異常な数字であったので、さすがに専門家からも異論が噴出したようだ。とうとう政府統計の司令塔である総務省統計委員会も、本系列の公表値は実態を表しておらず、参考値を重視していくとの意見でまとまった。少し長いが2018年9月29日付東京新聞の記事「厚労省の賃金統計『急伸』実態表さずと認める政府有識者会議」（渥美龍太記者）を引用する。

厚生労働省が今年から賃金の算出方法を変えた影響により、統計上の賃金が前年と比べて大幅に伸びている問題で、政府の有識者会議「統計委員会」は二十八日に会合を開き、発表している賃金伸び率が実態を表していないことを認めた。賃金の伸びはデフレ脱却を掲げるアベノミクスにとって最も重要な統計なだけに、実態以上の数値が出ている原因を詳しく説明しない厚労省の姿勢に対し、専門家から批判が出ている。

問題となっているのは、厚労省が、サンプル企業からのヒアリングをもとに毎月発表する「毎月勤労統計調査」。今年一月、世の中の実態に合わせるとして大企業の比率を増やし中小企業を減らす形のデータ補正をしたにもかかわらず、その影響を考慮せずに伸び率を算出した。企業規模が大きくなった分、賃金が伸びるという「からくり」だ。

多くの人が目にする毎月の発表文の表紙には「正式」の高い伸び率のデータを載せている。だが、この日、統計委は算出の方法をそろえた「参考値」を重視していくことが適切との意見でまとまった。伸び率は「正式」な数値より、参考値をみるべきだとの趣旨だ。

本給や手当、ボーナスを含めた「現金給与総額」をみると、七月が正式の1・6%増に対し参考が0・8%増、六月は正式3・3%増に対し参考1・3%増だった。実態に近い参考値に比べ、正式な数値は倍以上の伸び率を示している。

厚労省がデータ補正の問題を夏場までほとんど説明しなかった影響で、高い伸び率

にエコノミストから疑問が続出していた。統計委の西村清彦委員長は「しっかりした説明が当初からされなかったのが大きな反省点」と苦言を呈した。

ＳＭＢＣ日興証券の宮前耕也氏は「今年の賃金の伸び率はまったくあてにならない」と指摘した上で「影響が大きい統計だけに算出の方法や説明の仕方には改善が必要」と提言している。

右記の記事で重要なのは、**厚労省が夏場までこのデータ補正の問題をほとんど説明していなかった点である。**正確に言うと、8月31日になってやっと説明資料を公表し、旧算出方法と比較して２０８６円も数字が上振れし、それが「①サンプル入れ替え」の２９５円、「②ベンチマーク更新」の１７９１円によるものであることを明らかにしたのだ。賃金が大きくかさ上げされた原因を隠そうとしていたのである。

だが、ここでちゃぶ台をひっくり返すようなことを言おう。先ほどから引用している厚労省の説明資料には真っ赤なウソが書いてあったことが、後に明らかとなったのである。

第2章　隠れた「かさ上げ」

無断で3分の1抽出&こっそり復元

まえがきで述べたように、２０１８年12月28日、毎月勤労統計調査において、ずさんな調査が行われていたことが大きく報道され大問題になった。同日付共同通信社の記事「厚労省の勤労統計、ずさんな調査」を引用する。

賃金や労働時間などの動向を調べ、厚生労働省が公表している「毎月勤労統計調査」について、従業員５００人以上の事業所は全数を調査するルールだったにもかかわらず、一部のみ抽出するずさんなケースがあることが28日、分かった。

勤労統計は、統計法で国の重要な「基幹統計」と位置付けられており、調査の信頼性が揺らぐ恐れがある。厚労省は、誤った手法で実施してきた経緯や期間を調べている。問題があったのは、東京都の事業所を対象にした調査。都内には５００人以上の事業所が約１４００あるが、一部のみを抽出して調べた。その結果、３分の１の５００程度しか調べなかったという。

これはまえがきでも触れたとおりである。一般的に「統計不正」と聞いて思い浮かべるのはこちらの方であろう。発覚の端緒については、2019年1月11日付朝日新聞の記事「不適切統計、厚労省職員の発言で発覚　『東京以外でも』」を引用する。

毎月勤労統計の問題が発覚するきっかけは、厚生労働省の担当職員が総務省の統計委員会の打ち合わせで「東京以外の地域でも従業員500人以上の事業所について抽出調査を実施したい」と発言したことだった。複数の関係者が明かした。

厚労省と総務省の担当職員、統計委員会の西村清彦委員長らが昨年12月13日、次回の統計委員会開催について協議した。西村氏が毎月勤労統計の調査結果について、かねて正確性を疑問視する声が出ていることを踏まえ、詳細に分析する必要があるとし、次回委員会のテーマにする考えを示したという。

その時に厚労省職員から、従業員500人以上の事業所について東京都では抽出調査をしており、東京以外への拡大を計画しているとの発言があった。西村委員長は「抽出調査は重大なルール違反」と指摘し、統計の信頼性確保の観点からも危機的状況だとの認識を示した。厚労、総務両省に早急に事実関係を確認するよう求めた。

今回の問題が発覚するまで、厚労省は神奈川県、愛知県、大阪府でも抽出調査を始める方向で準備していた。

その後、この不正な調査が２００４年から行われていたこともわかった。かなり昔から行われていたので、職員ももはや「不正なもの」という認識がなくなってしまい、よりによって統計委員長の前でポロッと漏らしてしまったのであろう。

５００人以上の事業所について約3分の1しか調査していなかったとしても、それを約3倍にする復元操作をしていれば、賃金がそれほど実態と乖離《かいり》することはない。しかし、その復元操作をしていなかったため、２００４年以降の賃金は下振れすることになった。そして、毎月勤労統計調査における賃金は雇用保険などの支給に際して基準となるため、支給額が過少だったという大問題が発生したのである。

なぜこのようなことを厚労省が行ったのか。今のところ理由は不明である。人的リソースが足りないからという理由も挙げられているが、そうであればきちんと申請して調査方法をサンプル抽出に変えた上で、先ほど述べた復元操作をすればよいだけである。黙ってサンプル調査にした理由にはなり得ないだろう。雇用保険などの給付額を削るため、という理由も挙げられているが、私としてはそちらの理由のほうが納得できる。

話を元に戻す。**この復元操作について、なんと2018年1月以降についてのみこっそり行っていたことが明らかになった。**これは、「2018年1月以降のみ上振れするよう操作をしていた」ということである。

不正調査が2004年から行われていたものであるため、「民主党だって見抜けなかったではないか」という話になり、あたかも安倍政権に落ち度はないかのように印象操作されているきらいがあるが、この「こっそり復元」が行われたのは安倍政権からである。民主党は全然関係ない。さらに言えば、第1章で述べた賃金のかさ上げも安倍政権からである。

ウソが書かれていた厚労省資料

ここで読者も疑問に思われたかもしれない。「では第1章で書いていたかさ上げと、こっそり復元は一体どういう関係になるのだ?」と。

答えは単純である。**第1章で散々引用した厚労省の賃金上振れ要因分解の資料には、「ウソ」が書かれていたのだ。**

次の資料は、厚労省から開示された資料を基に立憲民主党の長妻昭《ながつまあきら》衆議院議員事務所が作成し、国会でも使用されたパネルを基に作成したものである。**図2-1**の表だ。

図2-1　賃金の新旧差の要因分解

従来の説明	新旧差			
		ベンチマーク更新	サンプル入れ替え	復元分
	2,086円（0.80%）	1,791円（0.69%）	295円（0.11%）	–

再集計値	新旧差			
		ベンチマーク更新	サンプル入れ替え	復元分
	2,086円（0.80%）	967円（0.37%）	337円（0.13%）	782円（0.30%）

出典：長妻昭衆議院議員ウェブサイト

見ての通り、本当は２０８６円のうち９６７円がベンチマーク更新、３３７円がサンプル入れ替え、そしてこっそり復元が７８２円という内訳だったのである。なお、この原稿を書いている現在（２０１９年３月22日）も、厚労省はウソの内訳を記載した説明資料を毎月勤労統計のトップページに載せたままである。ウソを全世界に向けて公表しっぱなしなのだ。

こっそり復元は、たとえていうなら頭にシリコーンを入れていたようなもの。これで身長をごまかしていたのだが、あえなくバレてしまったため、厚労省はその部分だけ２０１７年以前にも遡り、復元処理した。したがって、復元による段差は消えた。

ところが、ここが重要な点なのだが、**やはりサンプル入れ替えとベンチマーク更新部分について、遡**

図2-2　公表値における名目賃金伸び率（前年比）の推移

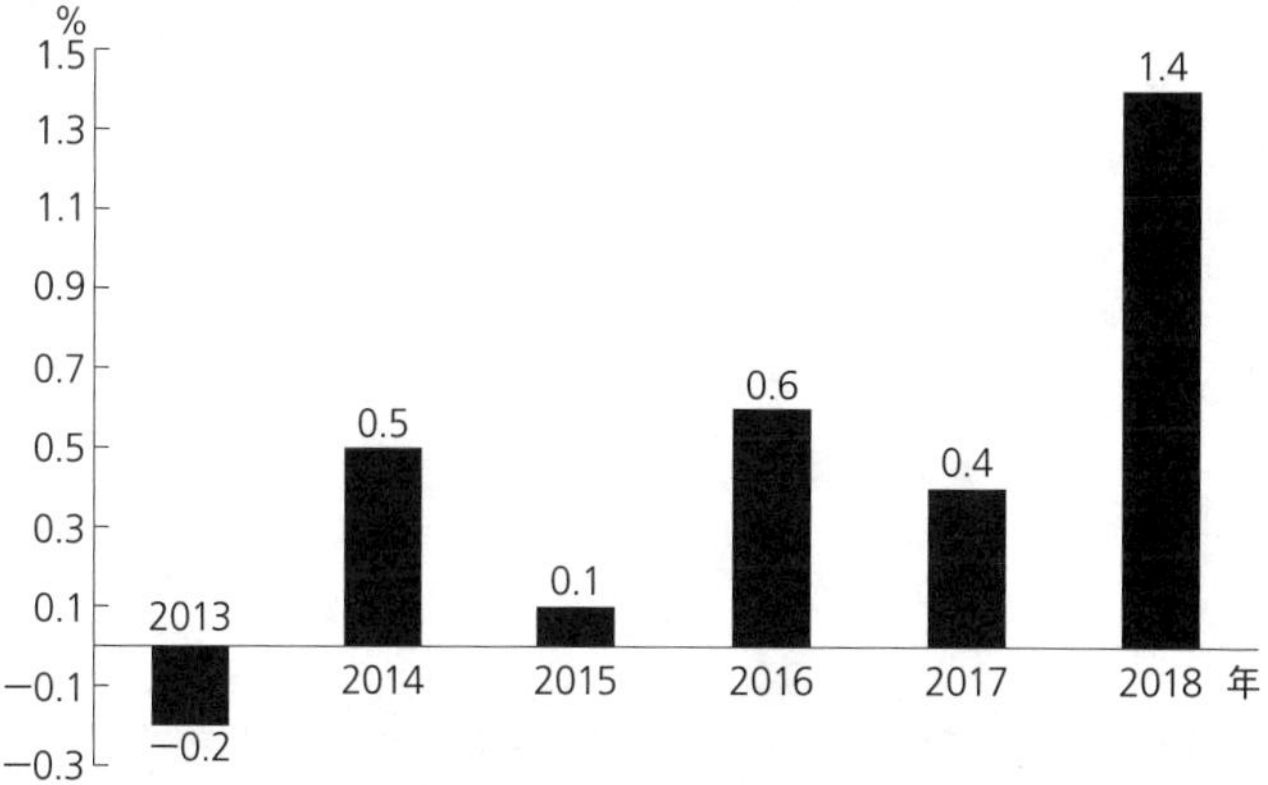

出典：厚生労働省「毎月勤労統計調査」平成31年1月分結果速報

って修正することをしていない。だから段差がそのままなのである。

さて、ではこっそり復元部分だけ遡って修正したがサンプル入れ替えとベンチマーク更新による段差がそのままになっている数値が一体どうなったか、見てみよう。**図２－２**のグラフだ。

２０１３～17年までの５年間で計１・４％しか伸びなかった名目賃金が、２０１８年のわずか１年間で、１・４％伸びるという異常な結果になっている。**５年分の賃金上昇をなんとたったの１年でいきなり達成できたことになってしまった**のだ。

凄まじいインチキであるが、これほど賃金をかさ上げしても、実質賃金を見るとショボいのである。**図２－３**のグラフは、アベノミクス前との比較がしやすいよう、２０１２年を１００とした賃金と物価

図2-3　名目賃金・実質賃金・消費者物価指数の推移

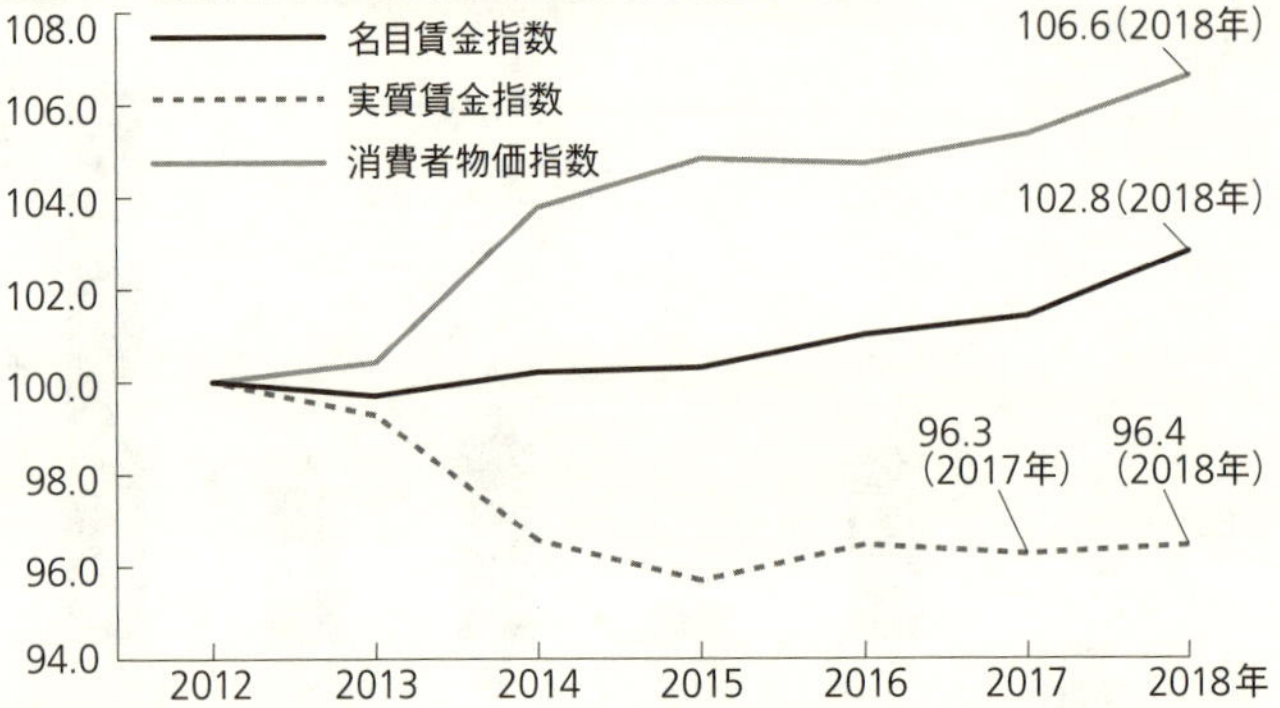

2012年=100とした指数。

出典：厚生労働省ホームページ「毎月勤労統計調査」、総務省統計局ホームページ「消費者物価指数」

の推移を示したものだ。

ご覧のとおり、あれほどかさ上げしても、実質賃金の伸びは、2012年を100とした指数でみると、前年比わずか0・1ポイントの伸びにすぎない。ほぼ横ばい。あんなにかさ上げしなければ、確実にマイナスになっていたはずである。

実質賃金下落の原因は急激な物価上昇

こんなに実質賃金が低迷する原因は、先ほども述べたとおり、物価が急上昇したからである。暦年値で見ると、2018年はアベノミクス前である2012年と比べて物価が6・6%も上昇している。日銀の試算によると消費税増税による物価押上げ効果は2%とのことなので、残り4・6%はそれ以外の要因である。これは、アベノミクスによって急速に

図2-4　ドル円相場の推移

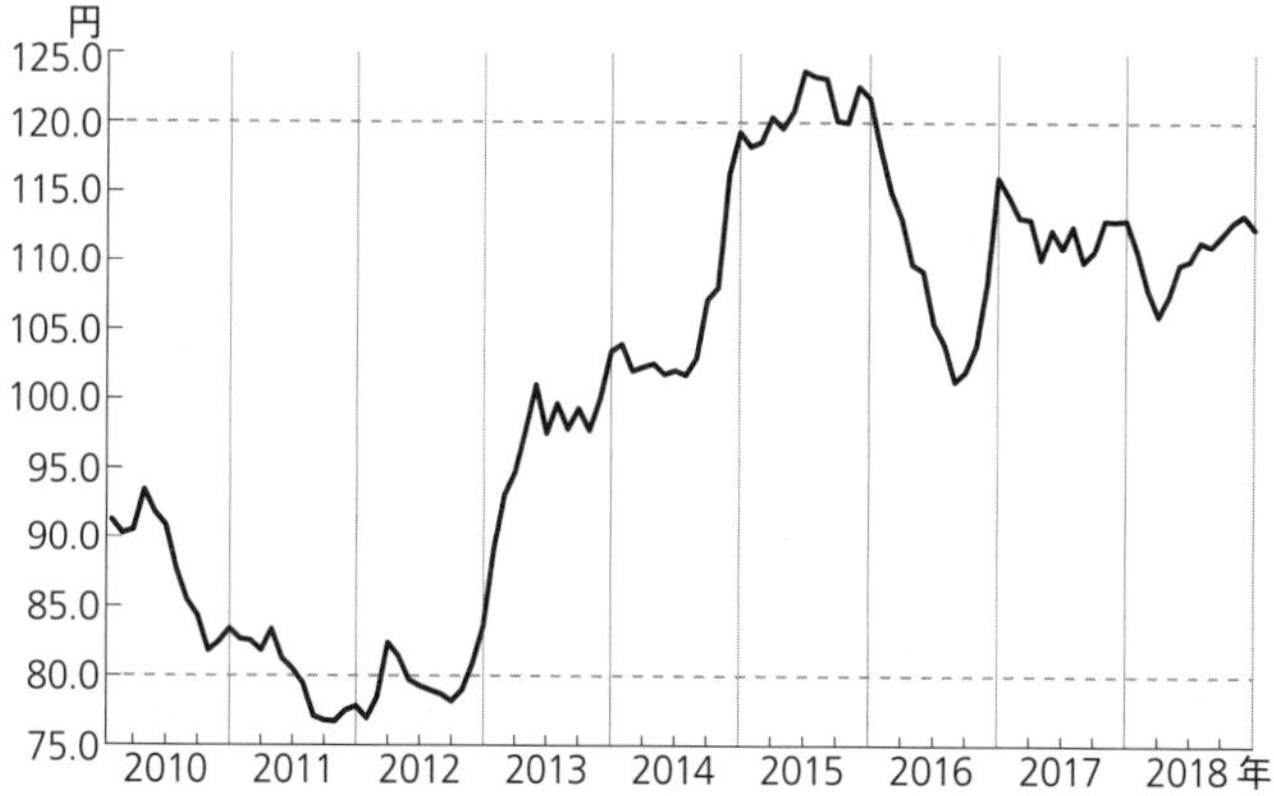

出典：日本銀行ホームページ「時系列統計データ検索サイト」

進んだ円安が最も大きく影響している。

アベノミクス第1の矢である「異次元の金融緩和」とは、具体的に言うと、日銀が民間金融機関の持っている国債を爆買いし、通貨を大量に供給することである。通貨が大量に供給されれば、普通は通貨の価値が下がるので、「円が安くなる」と予想した投資家たちが円売りに走り、円安になった。円安は様々な原材料費等の輸入物価を上昇させるので、消費者物価指数を押し上げる。円ドル相場の推移を見てみよう。**図2-4**のグラフだ。

ご覧のとおり、アベノミクス前は1ドル=80円程度だったものが、2015年には1ドル=120円を超えるレベルになった。図2-3のグラフからもわかるように、これと消費税増税が合わさり、2015年までに物価は4・8%も上がったのである。

図2-5　原油価格の推移

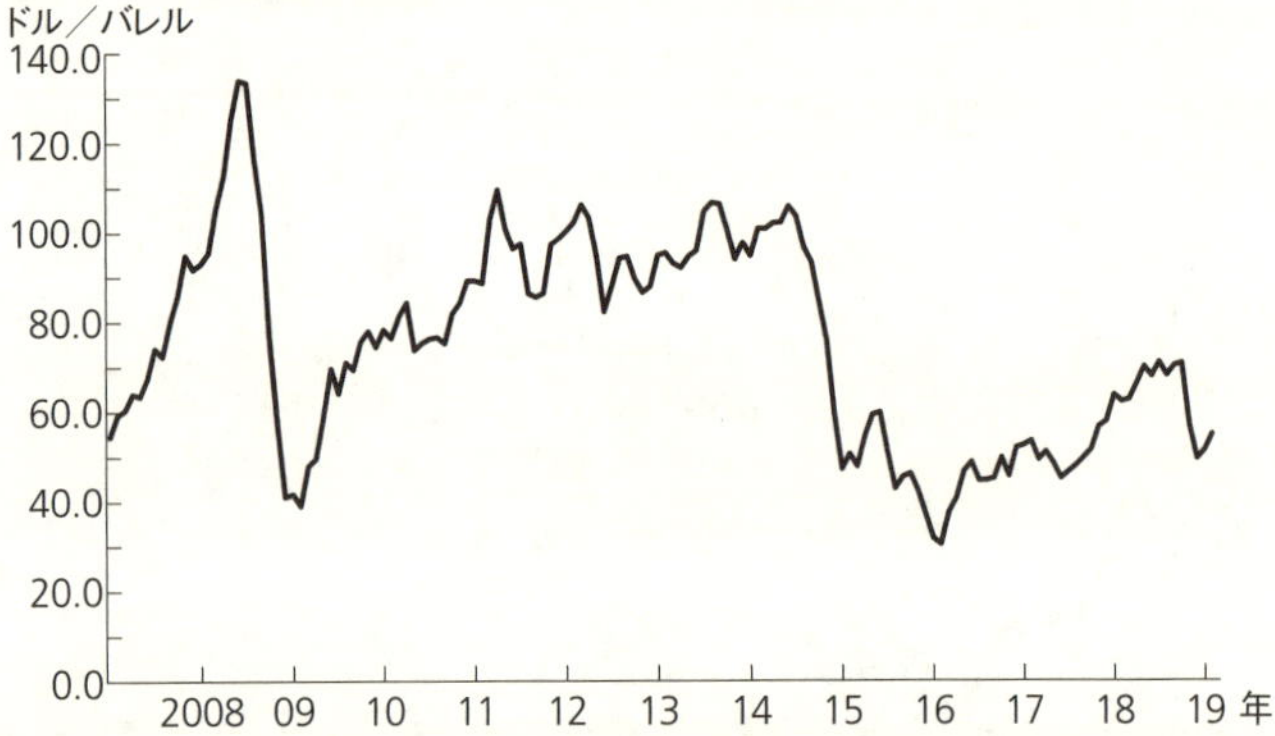

出典：U.S. Energy Information Administration（EIA）
「Cushing, OK WTI Spot Price FOB（Dollars per Barrel）」

そして、２０１６年にいったん円高に振れたので消費者物価指数は少し落ちたが、その後、再び円安に振れたので物価が上がった。

なお、物価の上昇要因を分析するには、原油価格も見なければならない。原油は輸送燃料になる他、様々な商品の原材料費になるので、その動向は物価に大きく影響するからである。原油価格の推移を示した**図２－５**のグラフを見てみよう。

ご覧のとおり、２０１５年に大きく原油価格は下落した。この下落によって、円安による物価上昇が相殺され、２０１５年は前年比１％程度の物価上昇で済んだのである。ところが、２０１７年あたりから再度上昇基調に転じたので、先ほど見た円安傾向への回帰も重なり、物価がまた上がり始めたのだ。特に２０１８年は図２－３のグラフで見ると前年と比べ1・3ポイントと比較的高い伸びを示している。だから、あんなに名目賃金をかさ上げしたのに、実質賃金がほぼ横ばいになってしまったのである。

ここで強調しておきたいのは、原油価格が上昇傾向に戻ったといっても、アベノミクス前の2012年以前の水準には遠く及ばないということである。もしアベノミクス前の原油価格の水準がそのまま維持されていたら、物価上昇はこんなものでは済まなかっただろう。円はアベノミクス前の1ドル＝80円から、最も安い時で1ドル＝120円を超えるレベルにまで下がった。これは**円の価値がドルに対して3分の2になってしまった**ことを意味する。**これほど極端な円安になればもっと物価が上がるはずだが、原油価格の急落がそれを相殺したのである。**

消費税増税も円安も、「物価が上がる」という効果は全く同じである。それを同時にやったら、極端な物価上昇が生じてしまい、名目賃金は絶対に追い付かない。だから実質賃金が急落し、いまだにアベノミクス開始前の水準を回復していないのである。どうも日本人には「円安は善である」という強烈な思い込みがあるように見えるが、物価上昇という側面から見れば、円安は消費税を増税されるのと変わらない。物価上昇を喜んでいいのは、賃金がそれ以上に伸びた場合だけである。そうでなければ、実質賃金が落ちてしまい、生活が苦しくなるだけなのだから。

ところで、「実質賃金が落ちたのは、賃金の低い新規労働者が増えて、平均値が下がったから」という説がまことしやかに流布されている。この新規労働者によって平均値が下がるという効果を「ニューカマー効果」と名付けよう。ニューカマー効果を強調する人はかなり多く、安倍総理も国会答弁でニューカマー効果を実質賃金低下の言い訳に用いている。例えば2019年2月5日の衆議院予算委員会において、安倍総理は次のような答弁をしている。


ここで、やはり国民の皆様にわかりやすく説明する必要があるんだろうと思うんですが、これは事業所ごとの集計でありますから、一人の雇用者の賃金をずっと追っているわけではないんです。ということはどういうことかというと、例えばこういうことも起こるんですね。

それは、十人の、例えば事業所であったとします。そこが仕事が忙しくなって、パートの方を二人雇ったとします。しかし、当然、パートの方ですから、賃金は低い。そうなりますと、そこでの人件費を十二で割ると、実は、仕事が忙しくなる前の方がよかったということになるわけであります。

言ってみれば、家庭でいえば、Aさん、Bさんがいて、パートナーがいて、一人の人が給料を五十万円もらっていた。その後、Bさんも新たに仕事ができたので働くけれども、働き始めてから三十万円しかもらえなかった。となると、そうすると総計は八十万円になるわけでありますが、平均は四十万円になって、では下がったということになるわけであります。

しかし、この「ニューカマー効果で実質賃金が下がった」というのは完全にウソである。先ほどのグラフを見ればわかるとおり、**名目賃金は下がっていない**。平均値の問題であれば、名目賃金も下がっていなければならないが、それが下がっていないのだから、完全にウソである。だいたい、これが本当なら新規労働者が増え続ける限りずっと実質賃金が下がり続けることになりかねない。そんなわけがない。**総理大臣が大きな声でウソをついているのである。**

繰り返すが、実質賃金がこれほど低迷しているのは、**ただ単に物価上昇が賃金上昇を大きく上回ってしまったからだ。ニューカマー効果を強調する人は、「物価が急上昇してしまった」という事実に絶対に触れない。**そもそも「実質賃金指数＝名目賃金指数÷消費者

図2-6　可処分所得と物価の推移

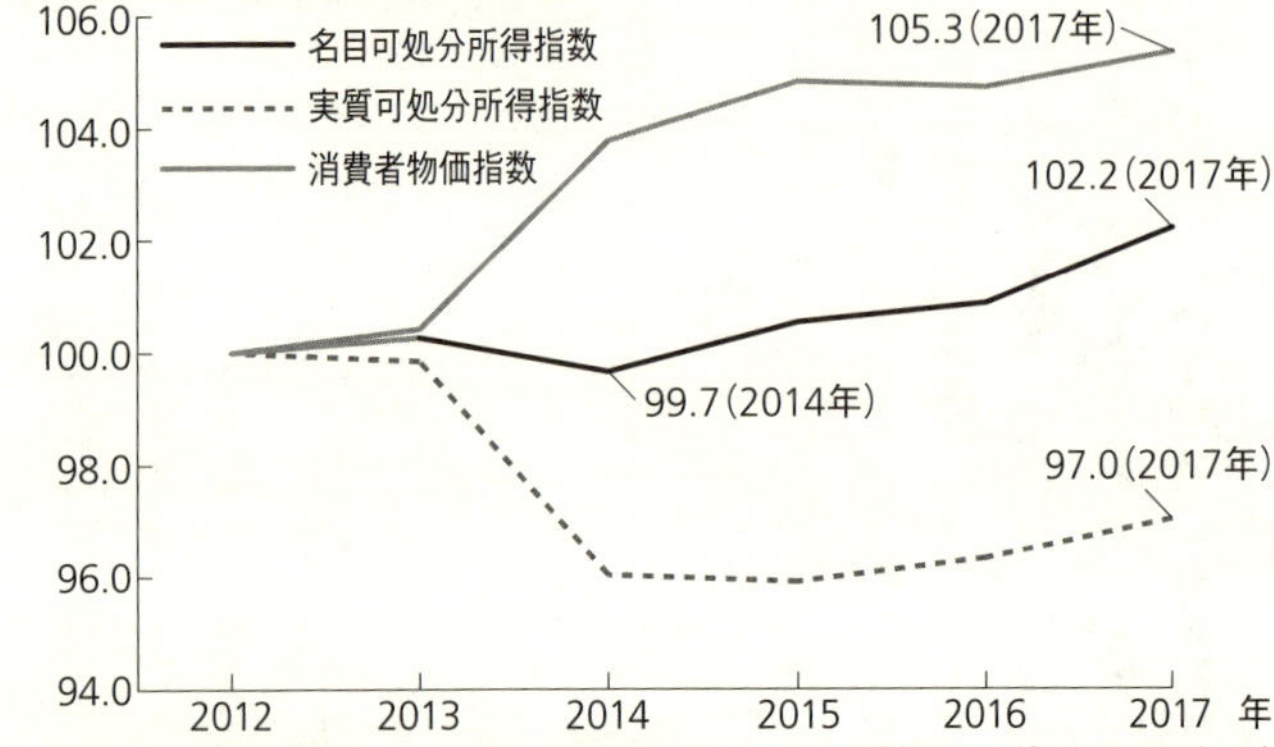

2012年=100とする指数。　出典:総務省統計局ホームページ「家計調査」「消費者物価指数」

物価指数×１００」なのだから、「物価」に触れなければ実質賃金の話にならない。平均値にしか触れなければ、それは名目賃金の話にしかならないのである。ニューカマー効果を強調する人たちは実質賃金の計算式すら理解していないのではないか。

ところで、「日銀が物価目標を達成できていない」という点が盛んに報道されているため、国民の多くは「物価が上がっていない」と勘違いしているのではないかと思う。日銀の目標というのは、「前年比２％の物価上昇」すなわち、「毎年２％伸ばしていく」というものである。「アベノミクス開始から２％」ではない。しかも増税の影響は除かれるのである。増税も含めてこの６年間を通算すると、先ほども言ったとおり物価が６・６％も伸びているのだ。

例えば、アベノミクス前の年収が４００万円だった

図2-7　実収入と物価の推移

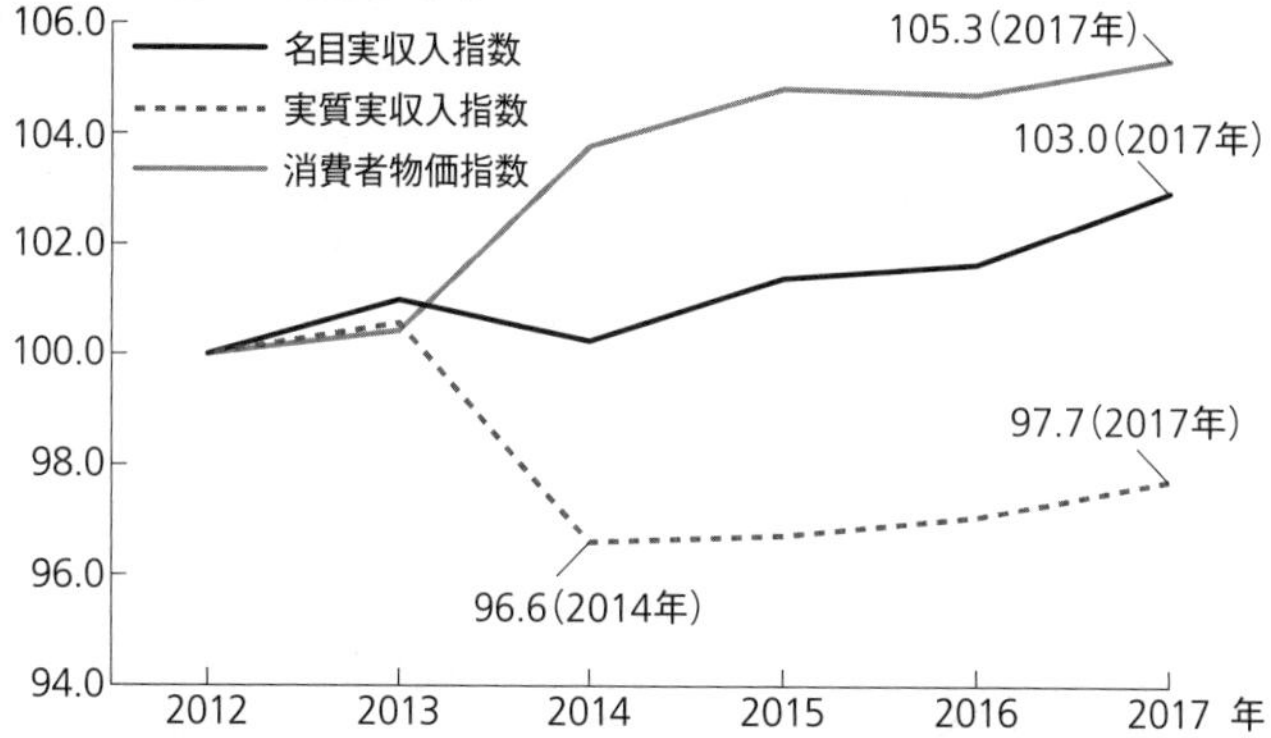

2012年＝100とする指数。　出典：総務省統計局ホームページ「家計調査」「消費者物価指数」

人の場合、26万4000円以上も上がらなければ、実質賃金が下がったことになってしまうのである。具体的な数字で見ると、その凄まじさがよりはっきりとわかるだろう。

ここでついでに総務省「家計調査」の数字についても見てみよう。家計調査はサンプル数の上限があらかじめ決まっている。その上、可処分所得や実収入については2人以上の世帯のうち勤労者世帯を対象にしているので、ニューカマー効果はないはずである。本稿の執筆時点で2017年分までが公表されている。まずは収入から税金や保険料を除いた可処分所得の推移を示した**図2-6**のグラフを見てみよう。こちらもアベノミクス前との比較が重要なので2012年＝100とする指数となっている。

名目可処分所得は2014年に少し落ち込んだ後、

上昇に転じているが、物価の上昇が大きく上回っているので、結局2017年時点での実質可処分所得はアベノミクス前を3ポイント下回っている。

次に、税金や社会保険料も含めた実収入について見てみよう。図2-7のグラフだ。

当然だがこちらも傾向は同じ。**税金や社会保険料でお金を取られなかったとしてもなおアベノミクス前の水準より2・3ポイント低い。**このように、実質賃金で見ても、またニューカマー効果の影響がないと思われる実質可処分所得や実質実収入で見ても、アベノミクス前の水準を下回る。これは、増税とアベノミクス（円安）で無理やり物価を上げる一方で、賃金がそれに全然追い付いていないからである。

エンゲル係数急上昇

そして、この急激な物価上昇がエンゲル係数（家計の総支出のうち、食費の占める割合。係数が高いほど生活水準は低い）の急上昇にもつながっている。図2-8のグラフを見てほしい。エンゲル係数と食料価格指数の推移を並べて比較してみると、ほとんど同じである。

食料価格指数はアベノミクス前（2012年）と比べると2018年の時点で10・3ポイ

図2-8　食料価格指数・エンゲル係数の推移

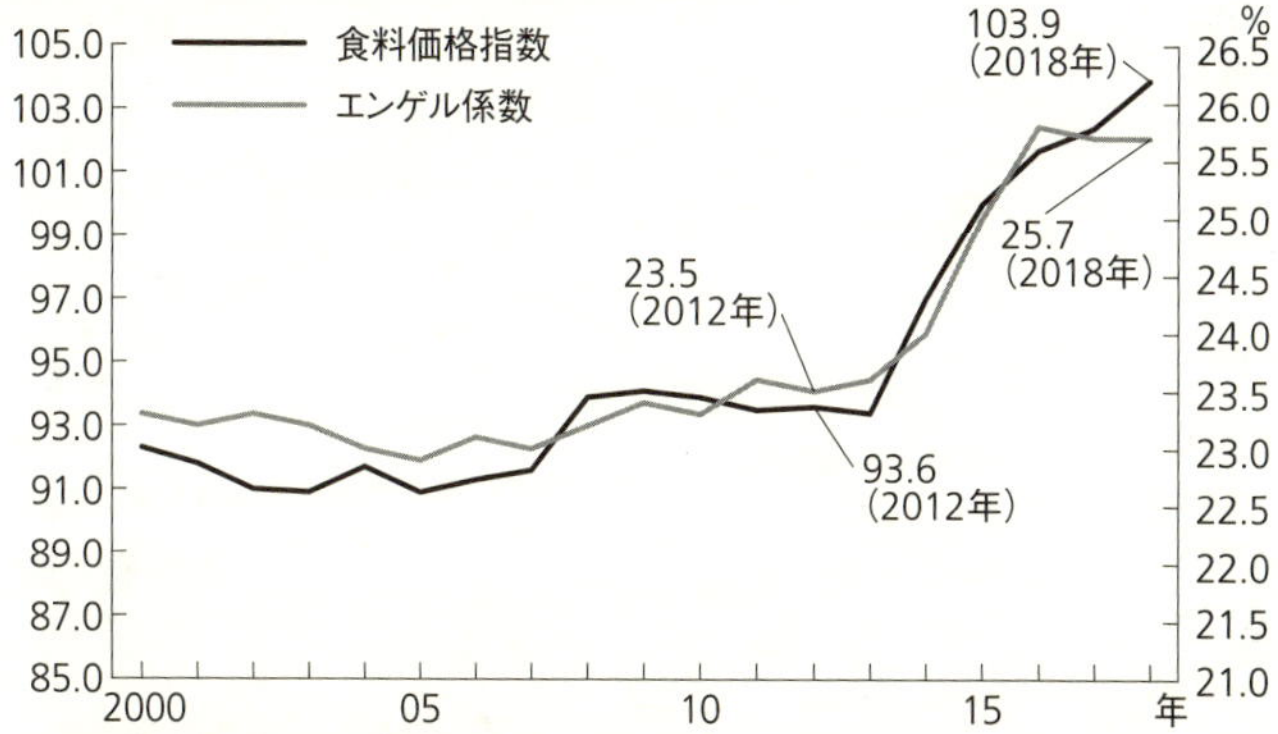

左側縦軸の目盛りが食料価格指数（2015年＝100）、
右側縦軸の目盛りがエンゲル係数を表す。

出典：総務省統計局
ホームページ「家計調査」「消費者物価指数」

ント（103・9－93・6）も上がっている。消費税増税が全て食料価格に転嫁されて3ポイント寄与したとしても、7・3ポイント残る。その最も大きな要因は、やはり円安である。

この点について「天候不順で野菜が高騰したせいだ！」と言う人たちがいるが、2014年あたりから日本は毎年異常気象に襲われ続けているのだろうか。そんなわけはない。

なお高齢化が影響したなどという人もいるが、それだと2014年あたりから急に高齢化が進行したことになる。こちらもそんなわけないだろう。**増税と円安の影響で食料価格が上昇したのに、賃金が上がらないから、エンゲル係数が急上昇したのである。**なお、エンゲル係数についても怪しい統計が出てきているがそれについては後述する。

図2-9　実質民間最終消費支出

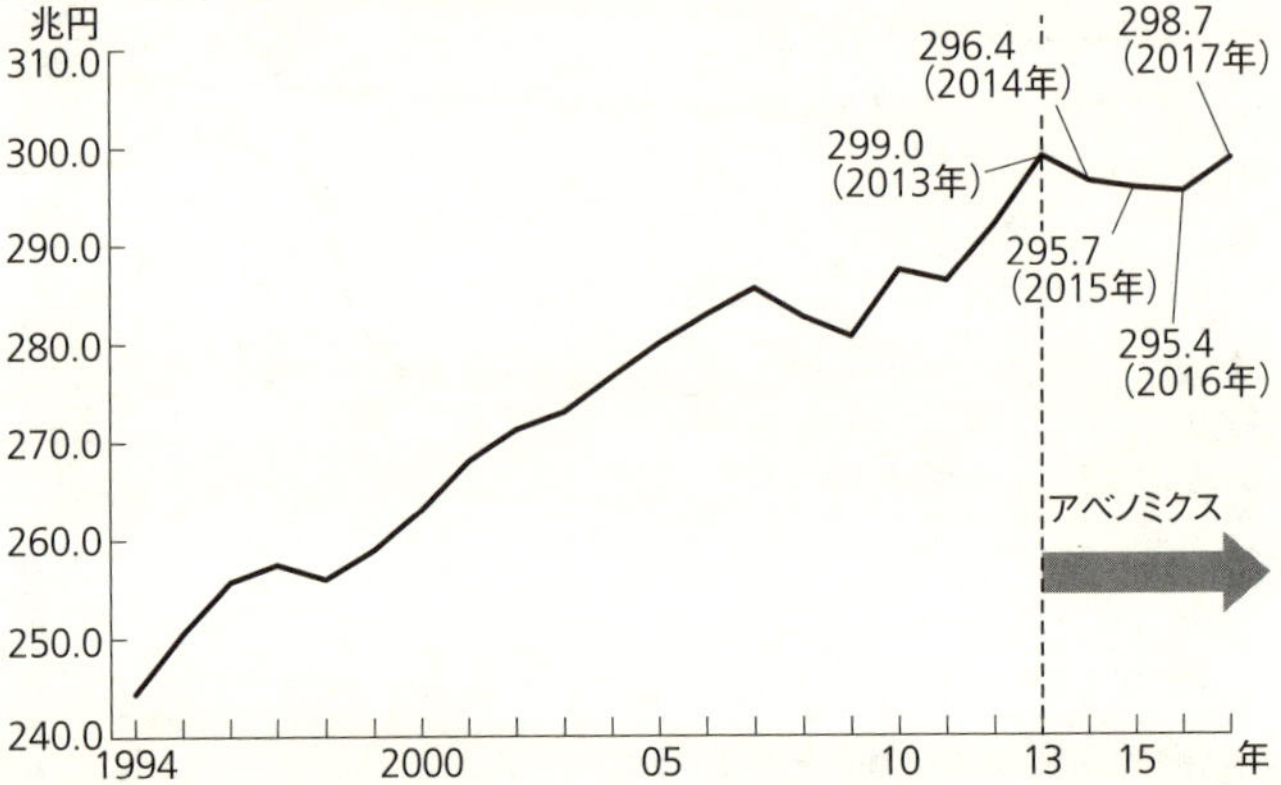

出典:内閣府ホームページ「国民経済計算」

戦後最悪の実質消費停滞

そして重要なのは、「実質賃金の低下により何が起きたか」である。**図２-９**のグラフを見ればわかるように、日本のＧＤＰの約６割を占める実質民間最終消費支出が、とんでもない停滞を引き起こしている。なお、ＧＤＰというのは、簡単に言えば日本国内で生まれた「儲《もう》け」を全部合計したものである。そして、実質民間最終消費支出というのは、国内の民間消費を合計した額から、物価変動の影響を取り除いたもの。この部分が伸びなければ、日本は経済成長できない。

見てのとおり、２０１４～16年にかけて、３年連続で落ちている。これは戦後初の現象だ。

２０１７年はプラスに転じたが、４年も前の２０１３年より下。この「４年前より下回る」という現

図2-10　高度経済成長期の名目・実質賃金指数（製造業）及び消費者物価指数の推移

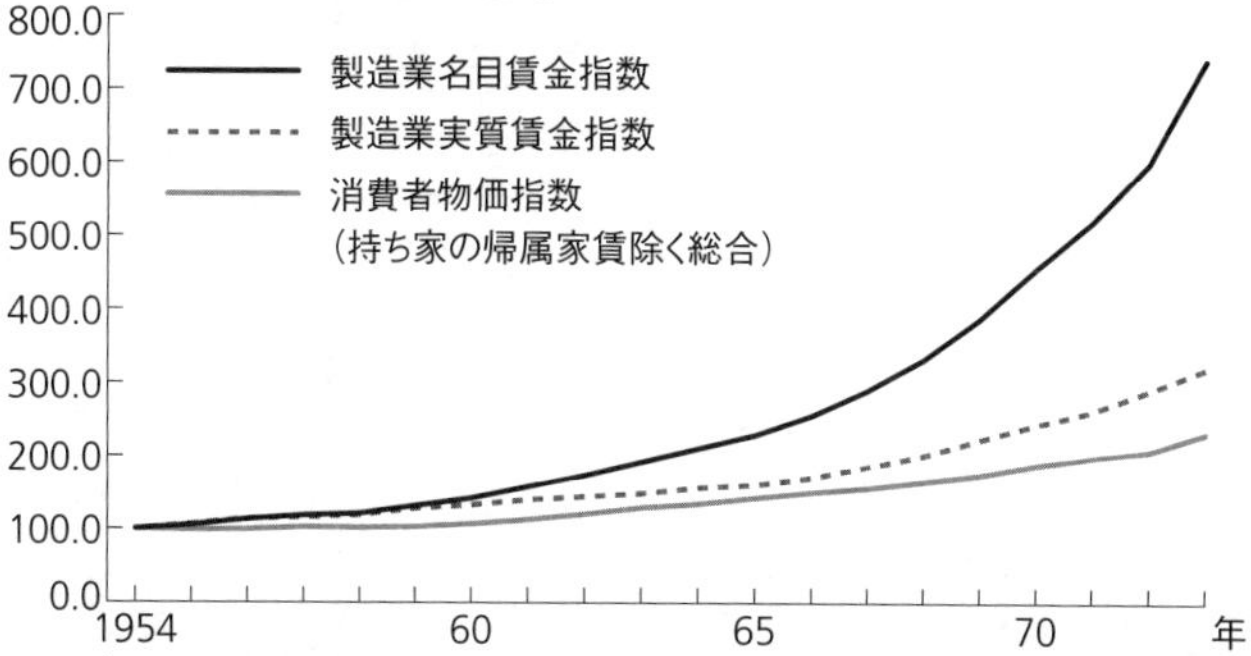

1954年＝100とする指数。

出典：新版日本長期統計総覧第4巻「19-48-a　産業別名目賃金指数（現金給与総額）（事業所規模30人以上）（昭和27年～平成15年）」

象も戦後初。増税＋アベノミクスで戦後最悪の消費停滞が生じているのだ。実質賃金、実質可処分所得、実質実収入が減り、その影響で実質消費は停滞し、エンゲル係数はアベノミクス前より上がった。「景気回復の実感がない」のは当然である。

しかし、話はここで終わらない。この実質民間最終消費支出の数字ですら、２０１６年12月のＧＤＰ改定によって思いっきりかさ上げされた数字なのだ。この点については第6章で詳しく論じる。

ここで、高度経済成長期の賃金と物価の推移を示した**図２−10**を見てみよう。なお、総合的な賃金指数がないので代表的な産業である製造業で検討する（１９５４年＝１００とする指数）。見てのとおり、名目賃金が圧倒的な伸びを示し、それが物価を引っ張り上げている。物価は開始時と比べると２倍以上になっているが、名目賃金は7倍以上。このように名目賃金の伸びが物価上昇を遥《はる》かに上回るので、実質賃金も順調に伸び、開始時と比べると3倍以上になっている。

これが本物の経済成長だ。先に賃金が伸び、それが物価を引っ張り上げる。だから実質賃金も上がり、庶民も経済成長を実感できるのだ。これとは逆に、アベノミクスは物価だけが上がってしまい、名目賃金が全然追い付いていない。実質賃金は急落する。いまだにアベノミクス開始前の水準にすら戻らない。景気回復の実感がないのは当たり前だ。

アベノミクスはただ単に順番を間違えたのである。物価上昇ではなく、賃金上昇をまず目指せばよかった。賃金が上がれば物価は後からついてくる。だが、先に物価を思いっきり上げてしまったので、実質賃金が急落し、消費が落ち込んだ。GDPの6割を占める国内消費が落ち込んだのだから、国内消費に頼る企業は儲からない。したがって、賃金が伸びていかないのも当然である。

実質賃金が下がった原因と、実質賃金低下がもたらしたものを確認できたところで話を元に戻そう。思いっきりかさ上げしたにもかかわらず悲惨な実質賃金を示す毎月勤労統計だが、かさ上げしなければ一体どうなっていたのか。それは参考値を見ればわかるはずだが、ここに大きな問題がある。

第3章　隠される真の実質賃金伸び率

野党合同ヒアリングでの攻防

私は２０１９年1月の下旬頃から、国会内で不定期に開催されている「野党合同ヒアリング」に呼ばれるようになった。野党合同ヒアリングとは、野党の国会議員が、合同で各省庁の官僚にヒアリングを行うものである。ここでの議論を基に予算委員会等の各委員会での質問が作られるので、最先端の議論が行われていると言える。毎回ＩＷＪ（Independent Web Journal／岩上安身氏が設立した市民ジャーナリズムウェブサイト）が中継しているほか、国民民主党の原口一博衆議院議員のツイキャスでも視聴することができる。

私をヒアリングに呼んだのは国民民主党の山井《やまのい》和則《かずのり》衆議院議員である。この時期、先ほど述べた「3分の1抽出&こっそり復元」問題が大きな注目を集めていたが、ここまで見ればわかるとおり、**より重大な問題は、サンプルもベンチマークも違うのに遡及改定せずそのまま比較している点であった。**山井議員はその点を見抜いており、ブログでこの問題を取り上げていた私を呼ぶことにしたのである。最初は単に「話を聞きたい」ということで電話を受けて国会に行くことになったのだが、「今日、野党合同ヒアリングがあるので出席してください！」と言われていきなり出ることになった。

この野党合同ヒアリングでの主要論点の一つが「参考値の実質賃金伸び率が公表されて

いない」ということだった。この点に気付いたのも山井議員である。参考値における2018年の「名目賃金」前年同月比伸び率は公表されていたが、なぜか「実質賃金」伸び率の方は公表されていないのである。なお念のため繰り返し説明するが、参考値とは、改定前後で共通する事業所を比較した賃金伸び率のことである。こちらは新しいベンチマークもきちんと遡って適用しているので、本系列のような異常なかさ上げ現象は生じない。だから統計委員会も賃金伸び率については参考値の方を重視せよと言っている。

そして、実質賃金とは名目賃金から物価変動の影響を除いたものであり、我々の真の購買力はこの実質賃金を見なければわからない。賃金が5％上がっても物価が10％上がっていれば、実質賃金は4・5％落ちたことになる。国民にとって最も重要な数字が実質賃金と言っても過言ではない。その最も重要な数字の伸び率が公表されていないのである。

ヒアリングにおいても、再三再四「実質賃金伸び率を出すように」と野党側が要求していたのだが、厚労省は頑《かたくな》に出さない。そこで、私が算出した。

実質賃金の伸び率は、名目賃金の伸び率と物価の伸び率がわかれば簡単に出せる。第1章でも述べたが、「実質賃金指数＝名目賃金指数÷消費者物価指数×100」である。ここで言う指数とは、ある時点の数値を100とした数なので、前年同月からの伸び率に1

図3-1　実質賃金計算表

年月	名目賃金指数（前年同月=100）	÷	消費者物価指数（前年同月=100）	×100	=	実質賃金指数（前年同月=100）	実質賃金伸び率（左記指数−100）
2018年1月	100.3	÷	101.7	×100	=	98.6	−1.4
2018年2月	100.8	÷	101.8	×100	=	99.0	−1.0
2018年3月	101.2	÷	101.3	×100	=	99.9	−0.1
2018年4月	100.4	÷	100.8	×100	=	99.6	−0.4
2018年5月	100.3	÷	100.8	×100	=	99.5	−0.5
2018年6月	101.4	÷	100.8	×100	=	100.6	0.6
2018年7月	100.7	÷	101.1	×100	=	99.6	−0.4
2018年8月	100.9	÷	101.5	×100	=	99.4	−0.6
2018年9月	100.1	÷	101.4	×100	=	98.7	−1.3
2018年10月	100.9	÷	101.7	×100	=	99.2	−0.8
2018年11月	101.0	÷	101.0	×100	=	100.0	0.0
2018年12月	102.0	÷	100.3	×100	=	101.7	1.7
						平均	−0.3

出典：厚生労働省「毎月勤労統計調査」平成31年1月分結果速報

00を足すと「前年同月を100とする」指数になる。

そして、名目賃金指数と消費者物価指数の前年同月からの伸び率は公表されているので、それぞれの「前年同月を100とする指数」を算出できる。2つの指数がこれで揃うので、前年同月を100とする実質賃金指数も算定可能になる。このように「前年同月を100とする実質賃金指数」を計算することにより、実質賃金伸び率を算定したのが**図3－1**の表である。

この表を2019年1月30日のヒアリングで出したところ、厚労省の屋敷次郎氏は口ごもりつつ、「（厚労省が試算した場合も）同じような数字が出ることが予想される」と認めた。これはかなり大きく報道された。東京新聞2019年1月31日付朝刊の記事「実質賃金　大幅マイナス　専門家算出　厚労省認める」を引用する。

毎月勤労統計をめぐる問題に関連して厚生労働省は三十日、**二〇一八年の実質賃金が実際はマイナスになる可能性があることを認めた。**これまで同年の実質賃金の伸び率は、公表済みの一～十一月分のうちプラスは五カ月（対前年同月比）あったが、専門家が実態に近づけて試算したところ、プラスはわずか一カ月だけで、通年でも実質賃金は前年より減っている見通しだ。

同日の野党合同ヒアリングで、統計問題に詳しい明石順平弁護士による試算を野党が提示。厚労省の屋敷次郎大臣官房参事官は「（厚労省が試算した場合も）同じような数字が出ると予想される」と認めた。

この問題は厚労省が一八年に賃金が伸びやすいよう企業の入れ替えなどを行い、実際に伸び率が過大になって発覚した。

企業を入れ替えると数値に変化が生じるため、総務省の統計委員会は一七年と一八年で入れ替えがなかった「共通の企業」など基準をそろえた「参考値」を重視すべきとしている。

しかし、厚労省は物価の変動を考慮しない名目賃金の参考値しか公表しておらず、生活実感に近い実質賃金の参考値は公表していなかった。

今回、明石氏や野党の試算によると、一八年一〜十一月の実質賃金伸び率平均は公表値でマイナス0・05％となるが、参考値ではマイナス0・53％と大きかった。月別では、唯一のプラスだった六月も公表値の2％から参考値は0・6％へと大幅に下がり、これが最大の下げ幅だった。

屋敷参事官は、野党から厚労省として実質賃金伸び率の参考値を公表するか問われ、「まだ検討が必要」と明確な答えを示さなかった。安倍晋三首相も同日の国会で同じ問題への答弁を求められたが、「担当省庁で検討を行っている」と述べるにとどめた。


補足しておくと、この時点で公表されていたのは2018年11月までの数値だったので、12月分は含まれていなかった。その後公表された12月の数値も含めて、各月の伸び率を足して単純に平均すると、先ほどの図3－1の表のとおり年平均はマイナス0・3である。

なぜ政府がこれを出したがらないのか、**図3－2**のグラフを見るとよくわかる。

2018年において、参考値の実質賃金前年同月比伸び率がプラスになったのは、たっ

図3-2　実質賃金前年同月比の伸び率（2018年）

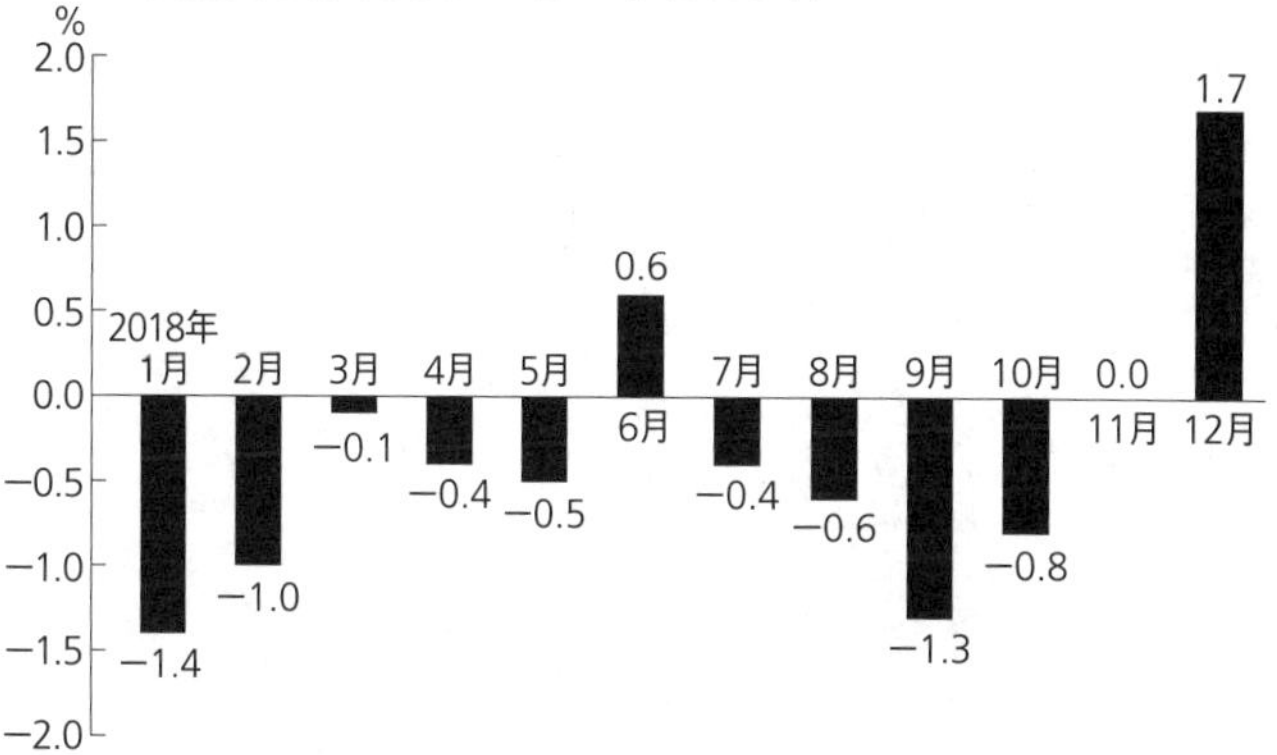

出典：厚生労働省「毎月勤労統計調査」平成31年1月分結果速報

たの２回。あとはゼロが１回、マイナスが９回。プラスになったのもボーナス月だから。このように悲惨な状況なので、公表したくないだけ。２０１８年の実質賃金の実態は前年比マイナスなのである。

そうすると、２０１７年も実質賃金は前年比マイナスだったので、２年連続で実質賃金が落ちたことになってしまう。これはアベノミクスの大失敗を象徴する現象であると同時に、消費税増税に大きな障壁となるであろう。だから、事実上、もう数値が出ているにもかかわらず、意地でも公表したくない。なお、２０１８年の実質賃金も前年比マイナスだったとすると、結局アベノミクス以降で実質賃金が前年比プラスになったのは２０１６年だけ、ということになる。そして、２０１６年に実質賃金が前年比プラスになったのは、円高が進行して消費者物価指数が前年比マイナスになったことが大きく影響している。別にアベノミクスのおかげではない。

なお、根本匠厚労大臣も、2019年2月5日の衆議院予算委員会において、参考値における実質賃金がマイナスであることは認めた。長々と答弁しているのを見ていただきたい。議事録から長めに引用する。

西村（智）委員　いや、何かこの点に関しては根本大臣はかたくななんですよね。**出さないんですよ、絶対に。**総理も検討するというふうに言っておられるのに、何か今の根本大臣の答弁はすごくかたくなで。

専門家の検討も必要だからということなので、今、私は、どこで検討しているんですかというふうにも聞いたんですよ。何にも答えてくれない。

統計委員会の委員長、呼びました。来ていただけない。海外出張中だそうです。なので、じゃ、委員長の代理の方をというふうにもお願いしたんですけれども、これも来ていない。統計委員会と少なくともその点はやりとりをしていなければおかしいのに、本当にこれをやっているのかどうか、これも疑わしくなってしまうんですよ。

実質賃金の共通事業所系列の伸び、いいえ、下がり方、出したくないんですか。そんなに出したくないんですか。

さっき、大臣は最後の方で言いました。ユーザーのためにデータは提供するんだというふうに言いました。政府が出してくる統計を使うのは、まさにユーザーなんですよ。国民なんです。国民が、出された統計をもって、あるいはエコノミストの方々もそれを見て、自身で分析をして、それで将来の予測をする。これが、政府からちゃんとした統計が出てこない、数字が出てこないというんだったら、どこが誠実なデータだというんですか。

出してもらわないと困りますよ、大臣。

根本国務大臣　要は、統計をお示しする側、毎勤統計をつくる側、これは、やはりきちんとした、私は、実質化系列というものを、共通事業所について、今は名目ですけれども、これを実質化系列ということで我々が出すということについては、統計の専門家のきちんとした検証をしなければ。

それと、もう一つは、我々は名目値として共通事業所系列を出していますから、例えば、ユーザーの方がそれを、例えば消費者物価指数で割り戻すということをユーザーの方がやられる、それはユーザー側の方のニーズでやるわけですから、そういうことは我々は……。

野田委員長　大臣、簡潔に答弁してください。

根本国務大臣　あとはユーザーの方々の判断でやってもらうということだと思います。

西村（智）委員　それじゃ、根本大臣、野党が試算した共通事業所系列の実質賃金の下落ぶり、これを認めてくださるんですか。

根本国務大臣　私は、繰り返すようですが、共通事業所系列を実質化系列で出す、それについては専門的な検証が必要だということでお答えをいたしました。

そして、**名目の共通事業所系列を例えば機械的に消費者物価で割り戻すということで、そういうことで出されたことについては、その限りにおいては、その前提の限りにおいては、それは今委員がおっしゃられたとおりだと思います。**その前提においてはですよ、ユーザー側として。

西村（智）委員　今、根本大臣は、昨年の二〇一八年の実質賃金の共通事業所系列分が〇・五％のマイナスであるということをお認めになりました。これは大変重要な答弁だと思います。

付言すると、この時点では11月までしか数値が出ていなかったので、11月までの平均値でマイナス0・5%という数字が出ていた（その後12月分が公表され、マイナス0・3%）。根本大臣は「機械的に算出すればそのとおり」と、マイナスであることをしぶしぶ認めたのである。

「機械的に」というが、**そもそも機械的に算出すべきものである。「恣意的に」算出すべきとでも言うのだろうか。**先ほど計算表を示したが、実は、このような計算表を作らなくても、名目賃金上昇率から物価上昇率を引けば実質賃金上昇率は簡単に出てくる。計算結果が同じになるので試していただきたい。要するに「ただの引き算」でも出せるのである。私が計算表まで作って主張したのは、そうしないと「正式な計算方法ではない」などとケチを付けられる恐れがあったからだ。

これほど簡単に算出できるものを出さない上に、西村議員指摘のとおり、統計委員長もその代理も出てこない。これは政府が裏から手を回したからではないかと思う。

ところで、2019年1月30日の野党合同ヒアリングにおいて、私の計算結果を認めたことにより、屋敷次郎氏はひょっとして上層部から相当怒られたかもしれない。この日以降の野党合同ヒアリングにおいて、屋敷氏の声は明らかに小さくなり、何を言っているのかほとんど聞き取れなくなってしまった。ＩＷＪのサイト等で屋敷氏がしゃべっているところは映像で確認できるのでぜひ見ていただきたい。本当に聞き取れない。彼がしゃべった後に山井議員が解説をし、「通訳」みたいな役割を果たしてくれなければ何を言っているのか全然理解できないだろう。

このようなささやき戦術を取ることには合理的な理由がある。野党合同ヒアリングの様子はＩＷＪや原口議員のツイキャスで映像が記録されている。下手なことを言うと記録に残ってしまう。したがって、聞き取れないぐらいの声でしゃべり、言質を取られないようにしているのであろう。屋敷氏も気の毒である。

明らかに変な回答ばかりしてひたすらごまかし続けているのだが、もし政府に不利なことを誠実に回答していたら、すぐに左遷され、代わりに政府の言いなりになる官僚に置き換えられてしまうのであろう。本当に悪いのは誰か。それは背後にいる政治家たちだ。

公述人として国会に立つ

私は２０１９年２月26日、衆議院予算委員会に国民民主党推薦で公述人として呼ばれ、前述の賃金統計偽装問題と、GDPかさ上げ疑惑（第6章で詳述）について意見を述べた。この意見の中で、**実態を表している参考値の実質賃金伸び率を早急に公表すべきであること、公表値（本系列）の伸び率は算出方法の異なる数字を比較したウソの数字であり、取り下げるべきであることを強調した。**

それより少し前に、厚労省は経済学者などの有識者7人を集めて「毎月勤労統計の『共通事業所』の賃金の実質化をめぐる論点に係る検討会」（以下「検討会」という）なるものをわざわざ設置し、2019年2月22日を第1回として検討を開始した。先ほど指摘したとおり、「ただの引き算」でも出せる実質賃金の伸び率について、税金を投入して不必要な検討会を設置したのである。

この点、同年1月30日の衆議院本会議において、安倍総理は、国民民主党の玉木雄一郎代表の質問に対し、「参考値をベースとした実質賃金の算出が可能かどうかについては、担当省庁において検討を行っているものと承知しています」と答弁している。

しかし、野党合同ヒアリングにて厚労省側から提出された決裁文書を見ると、検討会設置のための決裁文書が起案されたのは2019年2月18日である。**つまり、約20日間も放置していたことになる。**本当は検討などしていなかったのだ。

時間稼ぎ目的の検討会

この決裁文書を見ると、検討事項として次の3点が挙げられている。

①「本系列」と比較した「共通事業所」の集計値の特性
②「共通事業所」の賃金の集計値の指数化をめぐる論点
③「共通事業所」の賃金の対前年比の実質化をめぐる論点

①については、統計委員会でとっくに議論が済んでいる。参考値は、本系列に比べてサンプル数が少ない等の問題点があるのは確かである。そのため、2018年の賃金については、本系列の方が実態をより適切に表している。**しかし2017年と比較した「伸び率」は別である。**繰り返すが、「こっそり復元」だけは遡及して修正されたものの、2017年とはサンプルが一部異なり、ベンチマークも違うため、そのまま比較して伸び率を出すのは明らかにおかしいのである。先にも述べたように、これはちょっと背の高い別人に入れ替えてシークレットブーツを履かせて身長を比べるのと同じ。ウソの数字になってしまう。**統計委員会もこの点があるからこそ、名目賃金伸び率について、実態をより適切**

に表しているのは参考値の方であると明言し、これを重視せよと言っているのである。「名目賃金の伸び率は重視すべきだが、実質賃金の伸び率は重視すべきではない」などという結論はあり得ない。

②については、根本的に議論がずれている。野党側が求めているのは、実質賃金の伸び率である。参考値は3年間分公表されているが、これを全部実質賃金に「指数化」せよなどと求めていない。**全く求めていないものをなぜか検討事項に入れているのである。**

③は野党側が求めているもの。検討事項はこれだけでよい。そして、繰り返しになるが、参考値の実質賃金伸び率は、名目賃金伸び率から物価上昇率を差し引くだけでも簡単に出せる。もうすでに算出結果は出ているのである。後は政府がそれを正式に認めるだけでよい。税金を投入し、7人も専門家を集めて議論する必要など全くない。

さらに、検討会委員の任期予定は2019年2月21日~8月31日とされている。そもそも開く必要すらない検討会が6カ月間も継続する予定なのだ。2019年7月に参議院選挙があるので、それが終わるまで引き延ばしたいという思惑が透けて見える任期である。

図3-3　2019年3月6日付検討会で使用した資料

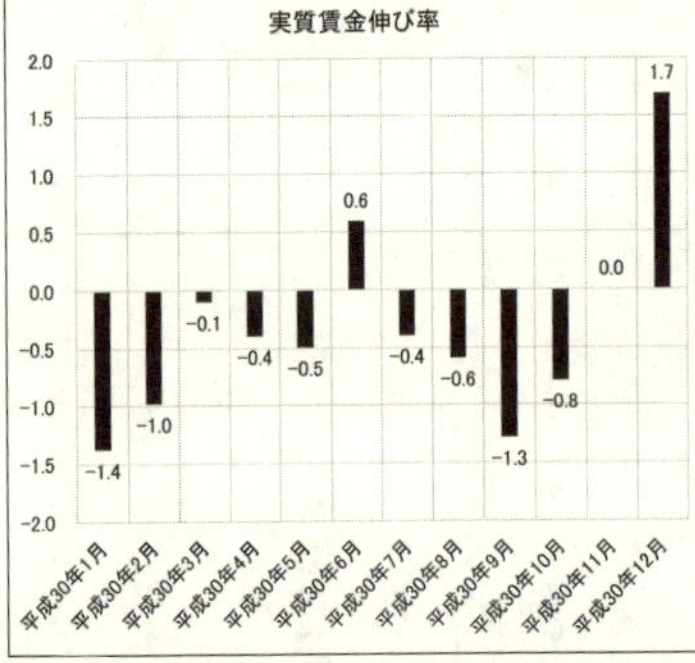

参考値の実質賃金伸び率がプラスになったのは，たったの2回。あとはゼロが1回，マイナスが9回。プラスになったのもボーナス月だから。

このように悲惨な状況なので，公表したくないだけ。

「名目は参考になるが実質は参考にすべきではない」などあり得ない。**参考値の実質賃金伸び率も早急に公表すべき。**

　そして，**公表値の伸び率はかさ上げされたウソの数字なのだから，公表を止めるべき。**

出典：厚生労働省「第3回毎月勤労統計の『共通事業所』の賃金の実質化をめぐる論点に係る検討会資料」

スルーされた私の意見

　私は同年3月6日に開催された第3回検討会に参考人として呼ばれた。裏話をすると、最初は私と同じく賃金統計偽装問題を追及している法政大学の上《うえ》西充子《にしみつこ》教授に厚労省から声がかかったものの、上西教授が私を推薦したため、行くことになった。「批判的意見も聞いた体にしてガス抜きをしたいのだろうな」とは思っていた。

　検討会において、私は衆議院予算委員会の公述の際に使用したレジュメとほとんど同じものを使用して説明を行った。つまり、**参考値の実質賃金伸び率を早急に公表すべきこと、そして、公表値（本系列）の伸び率はウソだから公表を止めろと強調した。**強調した部分が記載されている資料を引用する（図3−3）。

太字で思いっきり強調している点がポイント。ここはよく覚えておいていただきたい。ところが図3－4に示すとおり、2019年3月29日付で公表された、検討会の「中間的整理」における「これまでの議論」には、私の意見が全く反映されていない。

本当に予想通りである。あれほど強調したのに全力でスルーしている。私は本業の合間をぬって時間を作り、検討会に出席したのだが、意見を聞いたのはやはり単なるガス抜きだったのだろう。人の時間を奪っておきながら、ひどい仕打ちだなと思う。また、これまでの開催実績を見ても時間稼ぎであることが見え見えである。図3－5の表を見ていただきたい。

ご覧のとおり、第1回と第5回の議題が同じ。そして第2回と第4回の議題もほぼ同じ。そんなに話すことがあるのだろうか。そして有識者のヒアリングは一度だけであり、呼ばれたのは私と一橋大学経済研究所の阿部修人教授だけ。しかも阿部教授が話したのは「賃金実質化におけるデフレーターについて」と題するものであり、非常にアカデミックな内容。「さっさと実質賃金の伸び率を出せ」と野党側が求めていることとは全く関係ないと言ってよい。おそらく阿部教授も状況がよくわからないうちに呼ばれたのではないかと思われる。私のような門外漢だけ呼んでも体裁が整わないので、学者を呼んで体裁を取り繕

図3-4　中間的整理（概要）

（これまでの議論）

○「共通事業所」とその集計値の特性としては、

・1年前と当月の両方で回答している調査対象のみに限定しているために、事業所の入替方法の違いから、**事業所規模別・産業別等を見た場合にサンプルに偏り**があり、結果の精度に影響を与えている可能性がある。

・継続的に回答している事業所が集計対象になりやすいという特性から、その結果について**一定のバイアスがある可能性**がある。

などが考えられる。

○「共通事業所の集計値」は、前年同月との比較は可能なものだが、各月のサンプルが異なることや同じ月で2つの数値が存在すること等から、時系列として連続的に指数化することは、現在の定義のままでは困難と考えられる。

○実質化とは、名目値の動きから価格変動の影響を取り除くことである。

○「共通事業所の集計値」の実質賃金については、こうした「実質化」が持つ本来的な意味を踏まえつつ、その計算の可否を判断する必要がある。

○実質化に当たり、「共通事業所の集計値」の特性にあった物価指数(デフレーター)で調整することも考えられるが、現在の物価指数の研究状況を踏まえると、共通事業所の特性に合った物価指数を作成することは困難である。

○前提条件、利用上の注意の情報提供をつけて「共通事業所」の実質賃金を公表すべきとの意見があるが、統計の専門家という立場で、共通事業所のサンプル・集計値の特性や実質化をめぐる様々な論点について統計的な視点から課題を整理することが、本検討会の開催の趣旨であるので、引き続き検討する必要がある。

出典：厚生労働省「毎月勤労統計の『共通事業所』の賃金の実質化をめぐる論点に係る検討会中間的整理（概要）」

ったのであろう。

　要するに、この検討会は、**「やってる感」を出したいだけの時間稼ぎなのである。**サッカーでたとえるなら、GKとDFが延々とパス回しを繰り返して試合終了を待っているような状態。ここでいう試合終了というのは2019年7月の「選挙」のことである。選挙が終われば参考値実質賃金の伸び率を公表するのかもしれない。しかし、その頃にはもう国民の興味は薄れてしまっているだろう。

　安倍政権はモリカケ問題で完全に味を占めてしまった。公文書が

図3-5　検討会開催状況

第1回	2019年2月22日 （平成31年2月22日）	1.「共通事業所」の賃金の実質化をめぐる論点について 2.その他
第2回	2019年2月28日 （平成31年2月28日）	1.本系列と比較した「共通事業所」の集計値の特性について 2.その他
第3回	2019年3月6日 （平成31年3月6日）	1.有識者からのヒアリング 2.その他
第4回	2019年3月7日 （平成31年3月7日）	1.本系列と比較した「共通事業所」の集計値の特性等について 2.その他
第5回	2019年3月12日 （平成31年3月12日）	1.「共通事業所」の賃金の実質化をめぐる論点について 2.その他
第6回	2019年3月19日 （平成31年3月19日）	1.中間的整理に向けた論点の整理について 2.その他
第7回	2019年3月29日 （平成31年3月29日）	1.中間的整理（案）について 2.今後の具体的な検討作業の進め方について 3.その他

出典：厚生労働省「毎月勤労統計の『共通事業所』の賃金の実質化をめぐる論点に係る検討会」

改ざんされるという前代未聞の事態が発生し、普通なら政権が吹っ飛ぶはずであったが、閣僚が一人も辞任せず、その後の選挙でも勝ってしまった。「大きな声でウソをつき続ければ逃げられる」ということをここで覚えてしまったのである。だからこんなごまかしを続けている。

そして、そもそもこの賃金問題については、問題が複雑なため、正確に国民に伝わっているかどうか疑問である。「3分の1だけ抽出していた」という問題の方ばかりに目が行ってしまい、「算出方法を変えてかさ上げし、それをそのまま前年と比較している」という問題は正確に認識されていないのではないか。そのため、「不正統計は２００４年からであり、民主党政権時代も行われていたのだから、民主党にも責任がある」などと言われてしまうのである。

２０１８年１月から異常なかさ上げをして国民を騙しているのは全く別問題なのだが、見事に混同されてしまっている。

第4章 「かさ上げ」の真の原因

常用労働者の定義を変更して「日雇外し」

野党合同ヒアリングで追及を続ける中において、別角度から新たな疑惑が生じてきた。いわゆる「日雇外し」である。

２０１９年2月12日の衆議院予算委員会において、立憲民主党・無所属フォーラムの小川淳也議員がこの問題を取り上げたことがきっかけで、私も知ることになった。

実は、２０１８年1月から、「常用労働者」の定義が変更されていたのである。従来の「常用労働者」の定義は以下のいずれかに該当する者であった。

①期間を定めずに雇われている者
②１カ月を超える期間を定めて雇われている者
③臨時又は日雇労働者で前2カ月の各月にそれぞれ18日以上雇われた者

そして、２０１８年1月から変更された常用労働者の定義は次のとおりである。

①期間を定めずに雇われている者

図4-1　常用労働者数比較表

（単位：千人）

産業	2018年1月分結果速報	2018年1月分結果確報	差
調査産業計	50,586	49,525	-1,061
飲食サービス業等	5,048	4,368	-680
建設業	3,080	2,639	-441
運輸業、郵便業	3,379	3,110	-269
生活関連サービス等	1,835	1,612	-223
教育、学習支援業	3,358	3,142	-216
製造業	8,116	7,963	-153
金融業、保険業	1,410	1,362	-48
情報通信業	1,548	1,521	-27
電気・ガス業	280	264	-16
鉱業、採石業等	19	13	-6
不動産・物品賃貸業	755	751	-4
学術研究等	1,434	1,435	1
複合サービス事業	338	433	95
その他のサービス業	4,006	4,112	106
卸売業、小売業	9,117	9,341	224
医療、福祉	6,863	7,462	599

出典：厚生労働省「毎月勤労統計調査」平成30年1月分結果速報及び確報

②１カ月以上の期間を定めて雇われている者

つまり、③の「**臨時又は日雇労働者で前2カ月の各月にそれぞれ18日以上雇われた者**」が外れたのである。これが「日雇外し」と呼ばれるもの。そして②の「1カ月を超える」が「1カ月以上」に拡大された。

この定義変更で労働者の数がどれくらい変わったのか。面白い現象が起きている。理由は不明だが、2018年1月の速報値では、旧定義が使用されているのに対し、同月の確報値では新定義が使用されている。そのため、同月の速報値と確報値で数字が大きく違っているのである。図４−１の表のとおりだ。なお、個別産業については、減少した常用労働者が多い順に並べている。

なんと、確報値の方が速報値より１０６万１０００人も少ないのである。これは「日雇外し」の影響と考えるほかない。個別の産業を見ると「ぐちゃぐちゃ」になっている。例えば飲食サービス業等は68万人減る一方、医療福祉は59万９０００人増えるという結果になっている。これは明らかに実態を反映していない。この常用労働者数は、サンプル調査を基にベンチマークで補正をかけて算出している。そして、常用労働者の定義を変えればベンチマークも当然変化する。その結果、総数だけではなく、個別の産業における常用労働者数もこんなに変化してしまうのだ。

一般的に、日雇労働者の給料は低い。そのため、日雇労働者を除外すれば当然全体の平均値は上がる。また、日雇労働者を雇用している事業所は規模が小さいと思われるので、定義変更により、区分でいうと5〜29人の規模の事業所の常用労働者が減る。つまり、ベンチマークも5〜29人の事業所の常用労働者数が従前より少なく出るものに変化する。減少した常用労働者が多い産業は、5〜29人の規模の事業所が多いのであろう。

日雇外しでどれくらい平均賃金が上がるのか

この「日雇外し」の影響について、立憲民主党・無所属フォーラムの小川淳也議員は次のとおり試算している。2019年2月12日の衆議院予算委員会の議事録から引用する。

小川委員　（中略）では、私の方から出しますよ、どのぐらいぶれていた可能性があるか。私が試算しました。

一八年の賃金水準は、上の数字、この間発表になりましたね、三十二万三千六百六十九円、これが公式発表です。しかし、一七年には入っていた日雇が一八年には抜かれている、それがどのぐらい影響するのか。

いろいろと数字を拾ってきました。下に推計根拠と書いてあります。日雇平均賃金を厚生労働省は実は今から十二年前に調査しているんです、みずから。その試算を拝借いたしますと、月に十四日勤務の日雇労働者の平均賃金が十三万三千円です。しかし、この勤労統計の調査対象は十八日以上勤務する方が対象ですから、これを十八日以上に引き直しますと十七万一千円になります。この賃金水準は〇七年の水準ですから、現在、それから十二年たって、名目でマイナス二・四％、当時より賃金は下がっています。ということは、去年の水準に仮に置きかえるとすれば、十六万六千八百十一円という計算になります。

全労働者の最大一%が日雇労働者だというのは、厚生労働省がみずから言っていることです。それを前提に、九十九人がいわゆる正社員含めた常用雇用者、一%がここで言う日雇労働者、十八日勤務以上の日雇労働者として数字を合成、試算すると、この赤字にあるとおり、三十二万二千百円。**現在の公表値より、もし日雇を入れていれば、千五百円安くなっていた可能性がある。**

ということは、右の数値を見ていただきたいんですが、現在、名目一・四%増、実質でプラス〇・二%というのが対外的な公式説明ですが、これは実態と合っていないんじゃないですか。本当は、**名目で〇・九%、実質は何とマイナス〇・三%、こうなると私は試算しました。**


つまり、日雇労働者を外したことにより、1500円給料が高く出るようになっている、ということである。

真犯人は「日雇外し」？

ここで、第2章で見た賃金のかさ上げの内訳とどのように関係するのか、皆さんは疑問に思われたであろう。確認すると、2018年1月の数字で新旧を比較した場合、こっそり復元部分を除けば「①サンプル入れ替えで337円」「②ベンチマーク更新で967円」、合計1304円かさ上げされている。

「**実はこの説明もごまかしであり、本当はすべて日雇外しの影響である**」と考えれば、この謎は解けてしまう。

まず、①のサンプル入れ替えについて見てみよう。2018年1月から、30～499人の規模の事業所について、全数入れ替えから半分入れ替えに変更した、という点はすでに説明した。厚労省はこれにより337円上がったとしているが、これはよくよく考えるとおかしいのである。2～3年に一度総入れ替えをすると、これまで必ず賃金は下がっていた。全数入れ替えの影響がわかりやすい30人以上の事業所について示した**図4-2**の表を見てみよう（5～29人の事業所についてはこれまでも6カ月ごとに3分の1ずつ入れ替えているので、2～3年に一度の全数入れ替えの影響を見るのは30人以上の事業所を見る方がより適切である）。

図4-2　常用労働者30人以上の新旧比較表

（単位 円、%）

	30人以上の調査対象事業所の入れ替え方式	新（入れ替え後）	旧（入れ替え前）	新旧差（入れ替え後−入れ替え前）	新旧比（入れ替え後／入れ替え前−1）
2007年1月	総入れ替え	297,345	301,704	-4,359	-1.4
2009年1月		288,005	294,377	-6,372	-2.2
2012年1月		287,576	290,844	-3,268	-1.1
2015年1月		286,003	291,100	-5,097	-1.8
2018年1月	部分入れ替え	289,951	289,671	280	0.1

出典：厚生労働省「毎月勤労統計：賃金データの見方〜平成30年1月に実施された標本交替等の影響を中心に〜」

厚労省は2007年まで遡って入れ替え前後の差額を公表しているが、見てのとおり、過去4回の入れ替え時は全部マイナスであり、1・1〜2・2%下がっている。しかし、2018年1月の部分入れ替えの際は、史上初のプラスを記録した。なぜ今までマイナスになってきたのか、小川淳也議員の説明を見るとわかりやすいので、2019年2月4日衆議院予算委員会の議事録から引用する。

　では、言います、大臣。なぜ三年に一回全数調査を入れかえれば数値は下がるのか。
　この国の一年間の廃業率を御存じですか、麻生大臣。御存じですか。知っていたら首を縦に振って、知らなければ結構です。（麻生国務大臣「知らないですな。今でしょう」と呼ぶ）今。**大体、これは五%なんですよ、廃業率が。**
　それで、五年に一度の経済センサス、つまり経済界に対する国勢調査ですね、見てもそうなんですが、ということはなんですが、**企業の五年生存率は約八割なんです、毎年五％ずつ企業は淘汰《とうた》されていきますから。**そして、企業を全数入れかえするということは、廃業、倒産直前の企業も入るわけです。そして、もちろん生まれたての新発企業も入る。しかし、いずれも賃金水準は低いんですね。

ところが、**継続サンプルで一年目、二年目、そして三年目と継続調査をすればするほど、比較的優良な成績を上げた企業の、賃金水準の高い企業が標本として残るわけです。だから、三年間これを続けると賃金水準が高く出、そして、三年後にサンプルを全数入れかえで入れかえると必ず低く出るわけです。**

要するに、同じサンプル企業で継続調査していると、毎年5％ぐらい廃業していくので、残るのは優良企業となり、当然、賃金が高く出やすくなる。これを2～3年に1回全部入れ替えると、優良ではない企業がまた入り込んでくるので、賃金は下がるのである。逆に、入れ替えをしないと優良企業ばかり残っていってしまうので、賃金はどんどん高く出やすくなり、実態とかけ離れてしまうということだ。だから、定期的にサンプルを入れ替えて、それに伴い賃金が下がってしまうのは仕方のないことなのである。

そして、2018年1月からは、30~499人の事業所について、全部入れ替えから半分入れ替えに変えたわけだが、これまでの傾向からすると、賃金が「プラス」になるのはおかしいのではないか。入れ替えを半分に抑えたとはいえマイナスになるはず。

ここで、私が先ほどから引用している厚労省資料の図4-2の表は、「こっそり復元」がバレる前の表である。この資料の中で、厚労省は、サンプル入れ替えの影響が295円であり、残り1791円がベンチマーク更新の影響とウソの説明をしていた。そして、このサンプル入れ替え295円は、図4-2の表のサンプル入れ替え新旧差の280円とほぼ一致する。だからこの資料だけ見ると「サンプル入れ替えで賃金が上がったんだな」と錯覚してしまう。

しかし、こっそり復元がバレた後の厚労省は、真の内訳について、①サンプル入れ替え337円、②ベンチマーク更新967円、**③復元分782円**、と公表している。

そうすると、図4-2の表における「280円」というのは、復元の影響も実は含まれているのだ。そこで、単純にこの数字から復元分782円を引いてみると[*2]、マイナス502円となる。要するに、30~499人の事業所について、サンプル入れ替えを全部から半分に抑えたとしても、30人以上の事業所の平均賃金はやっぱり下がる。つまり、「サンプ

図4-3　新旧事業所規模別労働者数等比較表

2018年1月分	旧母集団：常用労働者数（人）	シェア(%)	新母集団：常用労働者数（人）	シェア(%)	新サンプル：決まって支給する給与（円）
1,000人以上	3,252,250	6.4	3,267,932	6.6	384,825
500～999人	2,271,270	4.5	2,541,907	5.1	341,903
100～499人	10,040,943	19.8	10,201,217	20.5	296,257
30～99人	12,883,435	25.4	13,226,721	26.6	251,662
5～29人	22,268,603	43.9	20,406,521	41.1	217,512
5人以上計	50,716,501	100.0	49,644,298	100.0	260,186

出典：厚生労働省「毎月勤労統計：賃金データの見方～平成30年1月に実施された標本交替等の影響を中心に～」

ル入れ替えでプラスになった」というのはウソ。

では、どうして5人以上の事業所まで範囲を拡大して平均値を計算すると、ベンチマーク更新部分（967円）の他にプラス部分（337円）が生じるのか。これは日雇外しの影響と考えるほかない。つまり、5～29人の事業所に勤務する日雇労働者（賃金が低い）を外したことにより、5～29人の事業所の平均賃金が上昇するのだ。それが先ほどみたサンプル半分入れ替えによるマイナスを上回り、結果として「337円のプラス」になったのであろう。

次にベンチマークについて見てみよう。先ほどの厚労

＊2　復元分782円は5人以上の事業所全体についての数値なので、厳密に計算するならば、30人以上の事業所に絞った復元分の数値を使うべきだが、それは公表されていないので782円をそのまま使う。「復元分を引くとマイナスになる」という結果は変わらないだろう。

省資料を見ると、「今回のベンチマーク更新において、賃金水準が低い『5～29人』の事業所の労働者数が下方修正され、シェアが低下したこと（賃金水準が高い『100～499人』『30～99人』のシェアが増加したこと）が、全体の賃金水準の押上げに寄与している」と説明されている。15ページの表を再掲する（**図4－3**）。

そして、ベンチマーク更新の際の考慮要素として、「日雇外し」のことは一言も触れられていないので、厚労省の説明資料だと、平成26年経済センサスの影響でシェアが変化したように読めてしまう。つまり、**平成26年経済センサスの方が、平成21年経済センサスに比べ、5～29人の事業所の労働者の割合が減ったのだと。**

本当にそうなのか。そこで、ベンチマークの大本となる経済センサスについて、平成21（２００９）年と平成26（２０１４）年を厚労省作成資料と同じ事業所規模別の労働者数に分けて比べてみた。その結果が**図4－4**の表である。[*3]

見てのとおり、5～29人の事業所のシェアは、平成21年と平成26年で変わっていない。では、なぜ前記表において5～29人の事業所のシェアが下がったのか。

繰り返すが、**日雇労働者を外したから、としか考えられない**。前記厚労省作成資料の表をもう一度よく見ていただきたい。新旧比較すると、**5～29人の事業所の労働者のみ１８**

図4-4　規模別常用労働者比較表

常用雇用者規模	2009年		2014年		シェアの差（%）
	人数（人）	シェア（%）	人数（人）	シェア（%）	
1,000人以上	2,845,693	6.6	3,172,188	7.2	0.6
500〜999人	2,242,894	5.2	2,368,366	5.4	0.2
100〜499人	9,512,726	22.2	9,593,806	21.8	-0.4
30〜99人	11,404,589	26.6	11,567,468	26.3	-0.3
5〜29人	16,823,751	39.3	17,291,014	39.3	0.0

出典：総務省統計局「平成21年経済センサス-基礎調査」「平成26年経済センサス-基礎調査」

6万2082人も減っている。他の規模の労働者数は全て増えているにもかかわらず、である。

すなわち、日雇労働者を外したことにより、5〜29人の事業所の労働者のシェアが下がり、ベンチマークが賃金の高く出るものに変化した、ということである。ここで気になるのは、平成26年経済センサスの時点では常用労働者の定義は変更されていないため、どうやって新定義に合わせた補正を行ったのか、ということである。この点はブラックボックスになっている。

まとめよう。常用労働者の定義を変えて日雇労働者を外したことにより、まずサンプル段階で平均賃金が高く出る。この数字にベンチマークで補正をかけて賃金を算出するのだが、このベンチ

＊3　経済センサスのデータの種類は複数あるが、そのうち「産業（小分類）、常用雇用者規模（15区分）別民営事業所数及び従業上の地位（6区分）、男女別従業者数—全国、都道府県」を使用。また、毎月勤労統計の産業別区分に従い、公務員及び農林漁業を除く数字で比較した。

マーク自体も、日雇労働者を外したことで、従前よりも賃金が高く出やすいものに変化してしまうのである。

したがって、①サンプル入れ替えで337円、②ベンチマーク更新で967円という説明もインチキと言ってよいだろう。本当はその背後に「日雇外し」が隠れており、これが①と②のいずれの要素にも影響を与えていたと考えられる。

これは小川議員の試算とも整合する。先ほど見たとおり、小川議員の試算では日雇外しにより1500円給料が上振れしている。そして、厚労省作成資料の説明だと、「①サンプル入れ替えで337円」「②ベンチマーク更新で967円」、合計で1304円であり、小川議員の試算との誤差は約200円しかない。

わかってしまえば実に単純なトリックであった。**「常用労働者」の定義を変え、賃金の低い日雇労働者を除外し、平均賃金を高く出していたのである。**

この日雇外しは巧妙に隠されていた。毎月勤労統計調査のトップページを見ると、「毎月勤労統計調査における平成30年1月分調査からの常用労働者の定義の変更及び背景について（平成30年4月20日）」という文書がある。ここに定義変更について説明があるのだが、この資料は平成30年4月20日に公開されたものである。つまり、本当は1月から定義が変わっていたのに、それを説明する文書は4月20日になってやっと毎月勤労統計調査のトップページに公開しているのである。

では同年3月まではどうなっていたか。毎月勤労統計はその名のとおり毎月発表されているが、その「概況」の末尾に用語説明がある。ここに常用労働者の定義も書いてあり、2017年12月と2018年1月の用語説明を**見比べてみると、変わっているのがわかる。**だが、おそらく誰も気づかなかったのではないか。用語説明は末尾に小さい字で記載されているだけなので、これをわざわざ見比べてみる人なんていないだろう。本来であれば変更した定義を適用する時点で明示的に説明するべきである。

さらに、いままで何度も引用してきた、厚労省作成の新旧賃金差額の内訳を説明する資料にも、常用労働者の定義を変更し、日雇労働者等を外したことは一言も書かれていない。サンプル入れ替えとベンチマーク更新によって賃金が上がったと説明している。

都合のいい数字は遡及する

ここで、興味深い現象がある。平成30（2018）年の常用労働者総数は、速報だと4980万7000人。

図4-5　常用雇用指数の推移

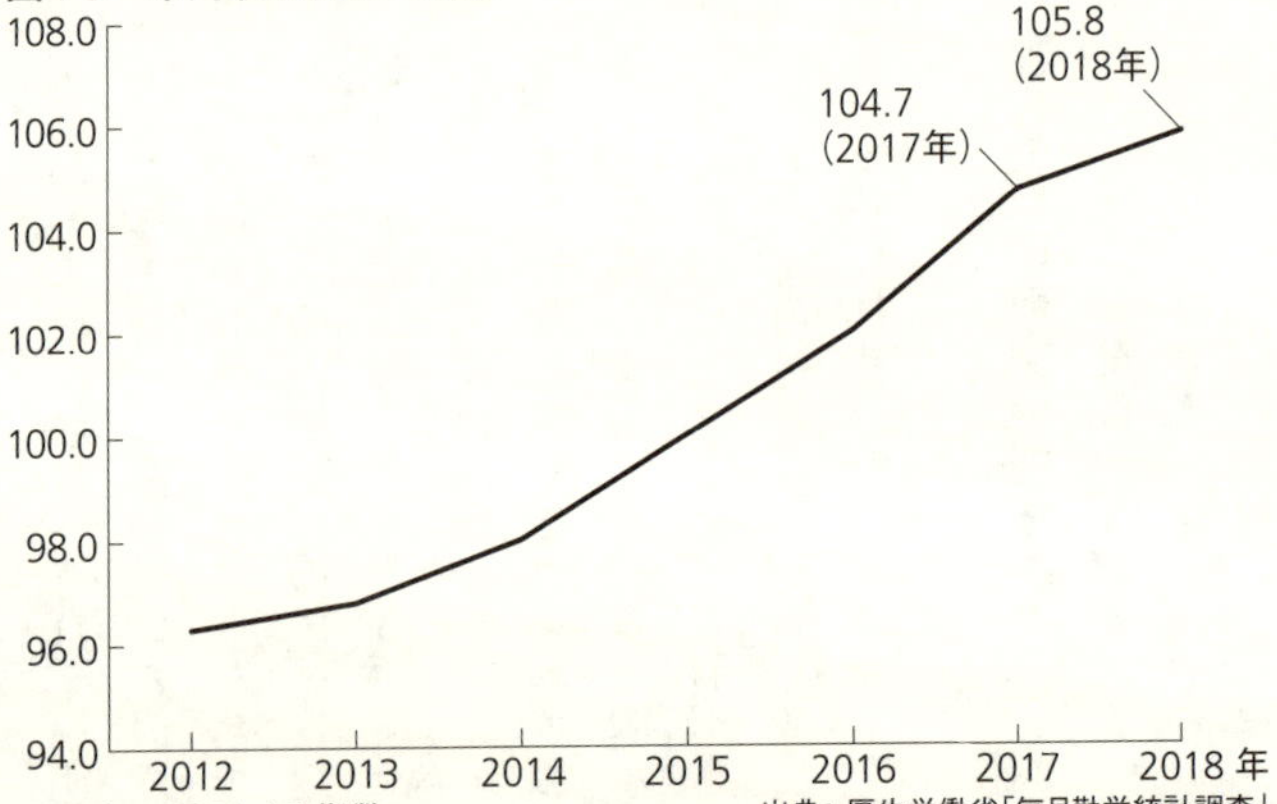

2015年＝100とする指数。

出典：厚生労働省「毎月勤労統計調査」平成31年1月分結果速報

平成29（2017）年の常用労働者総数は、確報で5003万1000人。実数で見ると、平成30年速報値の方が22万4000人少ない。これは日雇外しの影響。

ところが、なぜか常用雇用指数（2015年を100として常用労働者を指数化した数値）だと、平成30年速報値の方が1・1ポイントも高い。**図4-5**のグラフだ。

この点について、厚労省のウェブサイトには次のような説明がある。

平成30年1月分調査の補正においては、ベンチマークを「平成21年経済センサス-基礎調査」（平成21年7月1日現在）から「平成26年経済センサス-基礎調査」（平成26年7

月1日現在）に変更したことから、**平成21年7月分以降についてギャップ修正を行った。**

要するに、実数を単に指数化してしまうと2018年の値が下がってしまうため、常用雇用指数については遡って改定したということ。**賃金は遡らず、常用雇用指数は遡るという都合のよい操作を行っている。**

内閣府はちゃんと補正

さて、厚労省は賃金について、思いっきりかさ上げし、さらにそれを遡って改定しなかったので、データに大きな段差が生じてしまった。ここで、毎月勤労統計の賃金を基に内閣府が算出する「雇用者報酬」（雇用者の賃金総額）はどう対応したのか。内閣府の説明を引用しよう。

2018年1月の変更を受け、「毎月勤労統計調査」（以下「毎勤」）の本系列における賃金データには、2017年12月と2018年1月の間にギャップが生じている。このため、国民経済計算の雇用者報酬推計にあたっては、2017年12月以前の毎勤の賃金データに対してギャップの要因に応じた調整を施した上で、推計に利用することとする。以下では、この調整方法を説明する。

（中略）公表されている2017年12月以前の旧系列の一人当たり平均賃金額は、旧ベンチマークの労働者数ウェイトで集計されている。このため、労働者数のウェイトを最新の情報が反映された新ベンチマークのものに変換する。

次に、このようにして計算した新ベンチマーク・旧サンプルの系列に対してサンプル入れ替え要因に関する調整を施す。具体的には、当該系列が2018年1月以降の本系列と変化率でみて段差なく接続するようにリンク係数を乗じて遡及計算を行う。


つまり、**内閣府のほうは雇用者報酬をきちんと遡って補正しているのである。**データの算出方法を変えた時に、変更より前まで遡って補正するのは当たり前だ。現に厚労省も常用雇用指数については遡って補正しているではないか。賃金のみ遡って補正しないことがいかに異常なことなのか、よくわかるだろう。

さて、それでは誰が裏で糸を引いて賃金をかさ上げさせたのか。今度はそちらについて分析してみよう。

第5章　誰が数字をいじらせたのか

暗躍する官邸

第2章で論じたように、2014年は消費税増税をしたことに加え、異次元の金融緩和である「黒田バズーカ」第2弾を放ったことにより円安がさらに加速し、物価は急上昇した。2012年を100とする図2-3のグラフで見ると、2014年は前年より3・4ポイントも消費者物価指数が上昇している。当然、名目賃金は全然追い付かないので、実質賃金は「墜落」と言ってよいほどの猛烈な落ち込みを見せていた。

そんな中、2015年1月、30〜499人の事業所についてサンプル総入れ替えが行われた。前章で説明したとおり、今までの傾向からすれば、賃金が落ちるのは目に見えていた。そして、データに変な段差が生まれるのを防ぐため、遡ってデータが修正されることから、ただでさえ悲惨な実質賃金がさらに落ちることが予想されたのである。

2015年1月の賃金が公表されたのは同年4月だったが、その前に厚労省の官僚が菅《すが》義《よし》偉《ひで》官房長官に賃金が落ちることを報告したところ、激怒したとの報道がされた。この点につき、小川淳也議員が2019年2月12日の衆議院予算委員会にて菅官房長官に質問しているので引用する。

小川委員　官房長官、一昨日の報道で、厚生労働省の研究会において、ある委員の方が、サンプルを入れかえて数字が悪くなるやり方に官邸か菅官房長官がかんかんに怒っている、激怒しているということで、厚生労働省の職員は当初から相当気にしている。恐らく震え上がったでしょうね。

官房長官、この四月から六月の間に、厚労省からこの説明を受け、そして、あなたは激怒したという事実があるかないか、お答えください。

菅国務大臣　私、この新聞記事を見て激怒したいぐらいでした。

実は私は、官僚に激怒することはありません。これが政治家としての、横浜市会議員当時から今日に至るまで、私の姿勢です。私は官僚と議論します。官僚と闘うときは理論で勝たなければできないということは市会議員のときからよく知っていましたので、そのことを一貫して貫いていますので、感情的に激怒することはまずあり得ない、このことを申し上げたいと思います。

そして、今の話は、四年ほど前の話でありました。その記事があって聞かれましたから。それで、当時の私の担当秘書官に聞いたところ、厚生労働省から、毎月勤労統計について数年ごとに調査結果に段差が生じることに関して、統計の専門家の意見を聞いて検討する旨の説明を受けた、そういうことのようでした。

ちなみにこの時の答弁の様子はネット上でも見ることができるが、明らかに菅官房長官は怒った様子でしゃべっている。それはさておき、菅官房長官は、自分が会ったのではなく、秘書官が会ったと言っている。結構凄《すご》いことを認めてしまったのだが、頭に血が上ったせいかもしれない（いつもだったら「誰も会ってません」とか言いそうなものだが）。

安倍総理は、翌13日の予算委員会において、立憲民主党・無所属フォーラムの大串博志衆議院議員の質問に対し、この秘書官についてこのように答弁している。

官房長官から答弁したとおり、当時の私の秘書官が厚生労働省の担当者からサンプルがえの状況等について説明を受けた際のやりとりの中で、**サンプル入れかえによって過去にさかのぼって数値が大幅に変わってしまう理由や、専門家の意見を聞くなど、実態を適切にあらわすための改善の可能性などについて問題意識を伝えた**ことがあったとのことでありました。

「問題意識」とぼかしているが、賃金が下がることについて文句を言ったと解釈してよいだろう。

さらに、翌14日の予算委員会において、菅官房長官は大串議員の質問に対する答弁の中でこの秘書官が誰なのかを明らかにした。引用する。

大串（博）委員　その当時、つまり三月末に、総理秘書官が厚生労働省の担当者からサンプルがえの状況等について説明を受けた際のやりとりの中で、サンプル入れかえによって過去にさかのぼって数値が大幅に変わってしまう、下がるんですね、下がってしまう、理由や、専門家の意見を聞くなど、実態を適切にあらわすための改善の可能性について問題意識を伝えたことがあったとのことでありましたということでありましたけれども、この聞いた総理秘書官はどなたでしょうか。

菅国務大臣　**当時の中江総理秘書官です。**

大串（博）委員　当時、これを説明した厚生労働省の担当の方は誰でしょうか。

菅国務大臣　説明に行ったのは、厚生労働省の当時の宮野総括審議官と姉崎統計情報部長であったということです。

大串（博）委員　この宮野総審と姉崎部長は、みずからが進んでアポを入れて中江総理秘書官に説明に行ったのか、それとも中江総理秘書官から求められて説明に行ったのか、いずれでしょうか。

菅国務大臣　説明に至る経緯として、サンプルの入れかえに伴い数値の遡及改定が行われる、このことについて**厚生労働省から官邸の担当参事官に情報提供があって**、大きく統計数値が変わることから、担当参事官から中江秘書官に相談の上、厚生労働省に説明を求めること、このようになったようであります。

大串（博）委員　とすると、これは、厚生労働省の方から、まず、サンプル入れかえによって統計数字が下に下がる方向に変わるので、官邸にいらっしゃった厚労省出身の参事官の方に、どうしたらいいでしょうかということを相談された、その参事官を通じて中江秘書官に伝えたところ、中江秘書官の方から、それじゃ話を聞きましょうかということになった、そういうふうな理解でよろしゅうございますか。

菅国務大臣　委員のおっしゃるとおりです。

２０１５年４月の公表前に、厚労省の官僚が中江元哉総理大臣秘書官（当時）に報告していたということである。公表前に官邸に報告することなど基本的にあり得ないので、厚労省側が進んで中江秘書官に相談することは考え難い。私は最初に官邸側から厚労省側に対し報告するようにとの指示があったのではないかと思っている。そして、秘書官が総理の意向と関係ないところで勝手に動きまわることも基本的にあり得ないし、そんなことをする動機は秘書官にない。**総理の指示を受けて中江秘書官が厚労省に連絡したとみるべきだろう**。

このように、官邸側から厚労省に対し「サンプル入れ替えで賃金が下がるのを何とかしろ」というプレッシャーがかかっていた。

専門家の結論を官邸が捻じ曲げる

そこで厚労省が立ち上げたのが「毎月勤労統計の改善に関する検討会」であった。

阿部正浩中央大学教授を座長とし、6名の専門家によって構成されている。開催要綱の「検討事項」には以下の事項が挙げられている。

検討会は、毎月勤労統計のサンプル替え時のデータの信頼性及び**遡及改訂の問題点**、サンプルの長期固定化に伴うバイアスへの対処方法等の課題に関して、次の事項について検討を行う。

（1）サンプル替えの頻度、規模、手法等
（2）サンプル替え時のデータ接続手法
（3）脱落サンプルの補正方法
（4）他府省、諸外国の統計との比較
（5）その他必要な事項

「遡及改訂の問題点」がポイントである。遡って改訂するから既に公表した賃金が下がるという現象が起きてしまう。遡らない方法としては、現在採用されている「部分入れ替え」という方式がある。

全部入れ替えると入れ替え前後の段差が大きくなるので、遡って改訂する必要がある。しかし、部分的に入れ替えるとなると、段差は小さくなるので、遡って改訂する必要はない、ということである。

だが、ネット上で公開されている検討会の中間的整理（案）を見ると、この部分入れ替えには消極的な意見が並んでいる。そのまま引用する。

○部分入れ替え方式を導入する場合は、コストや実務面の問題を考慮する必要がある。
○部分入れ替え方式を採用するにしても、分割グループ数には限度があるため、ギャップは一定程度残る。
○部分入れ替え方式を採用する際には、ギャップを把握し、その補正または新旧水準の調整が可能となるよう、新旧サンプルの重複期間を設けるべきである。
○部分入れ替え方式に移行してもギャップの補正が必要になるのであれば、部分入れ替え方式を採用する合理性は低い。

ところが、まとめの部分を見ると、「サンプルの入れ替え方法については、引き続き検討することとする」という「先送り」の意見で終わっている。

実はここに、官邸の圧力があった。本当はこのような意見ではなかったのである。この点について、2019年2月22日の衆議院予算委員会理事会において、当時の厚労省担当者の手計高志氏から阿部座長に送られたメールが公開された（野党合同ヒアリングにも提出された）。その一部を引用する。メールが阿部座長に送られたのは2015年9月14日であり、その2日後の16日に検討会報告書が取りまとめられる予定であった。

現在、報告書（案）について、委員に事前に送付し意見をいただいた部分について、反映等を行っているところですが、**委員以外の関係者**と調整をしている中でサンプルの入れ替え方法について、**部分入れ替え方式で行うべきとの意見が出てきました**（ご存じのとおり、報告書（案）では、**総入れ替え方式が適当との記載を予定していました**）。このため、第6回では、報告書（案）ではなく、中間的整理（案）の議論ということで、とりまとめを行わせていただきたいと考えています。併せて、サンプルの入れ替え方法についても「引き続き検討する」というような記述とする予定です。このため、検討会についても、引き続き行うことになる予定です（今のところ第7回の開催日時は未定です。ただし、年内の開催は難しいと思います）。

なお、この「委員以外の関係者」であるが、同じく手計氏がこれより前の9月4日に送ったメールには、次のような記載がある。

なお、現在、検討会での検討結果等については**官邸関係者**に説明をしている段階であります。

つまり、9月14日のメールに出てくる「委員以外の関係者」とは、明白に「官邸」を指している。検討会は、**今まで通り総入れ替えで行うべきという報告書をまとめようとしていた**。それにもかかわらず、官邸が圧力をかけ、「引き続き検討する」という結論に変えさせた上、文書の題名も「報告書（案）」から「中間的整理（案）」に変更させたのである。専門家が出した結論を官邸が圧力をかけて潰したのだ。

2015年9月16日、最後の検討会が開催されたが、阿部教授は座長でありながら欠席している。抗議の欠席だったのかもしれない。このメールにしても、阿部教授が「自分のところにメールがあるので厚労省に転送する」と言ったので、しぶしぶ厚労省側から公開されたものである。おそらく「メールなどない」と言いたかったのだろうが、阿部教授がいい意味で「空気を読まなかった」ため、出さざるを得なくなったのであろう。

ついでにいうと、この検討会の第4〜6回の議事録は、2019年2月15日まで公開されていなかった。野党側が粘り強く開示を求めたところ、やっと公開したのである。第4回検討会が開催されたのは2015年7月24日。実に3年半以上もの間、議事録が公開されなかったのだ。第5回までにサンプル全部入れ替えという従前の方法で意見がまとまっていたのに、その後官邸の横やりが入り、第6回で急に結論が変わったのがバレるから、公開せずにいたのだろう。

麻生財務大臣の「鶴の一声」

こうして官邸の圧力により、専門家の意見が潰されてから約1カ月後の2015年10月16日、国の経済政策等の司令塔である「経済財政諮問会議」が開催された。

この議事録には、麻生太郎財務大臣の次のような意見が書かれている。

> 毎月勤労統計については、**企業サンプルの入れ替え時には変動がある**ということもよく指摘をされている。また、消費動向の中に入っていないものとして、今、通販の額は物すごい勢いで増えているが、統計に入っていない。統計整備の司令塔である統計委員会で一部議論されているとは聞いているが、**ぜひ具体的な改善方策を早急に検**

討していただきたいとお願いを申し上げる。

さらに、同会議に提出された資料の中に図5－1のようなものがある。

図5-1　毎月勤労統計に対する麻生財務大臣指摘事項

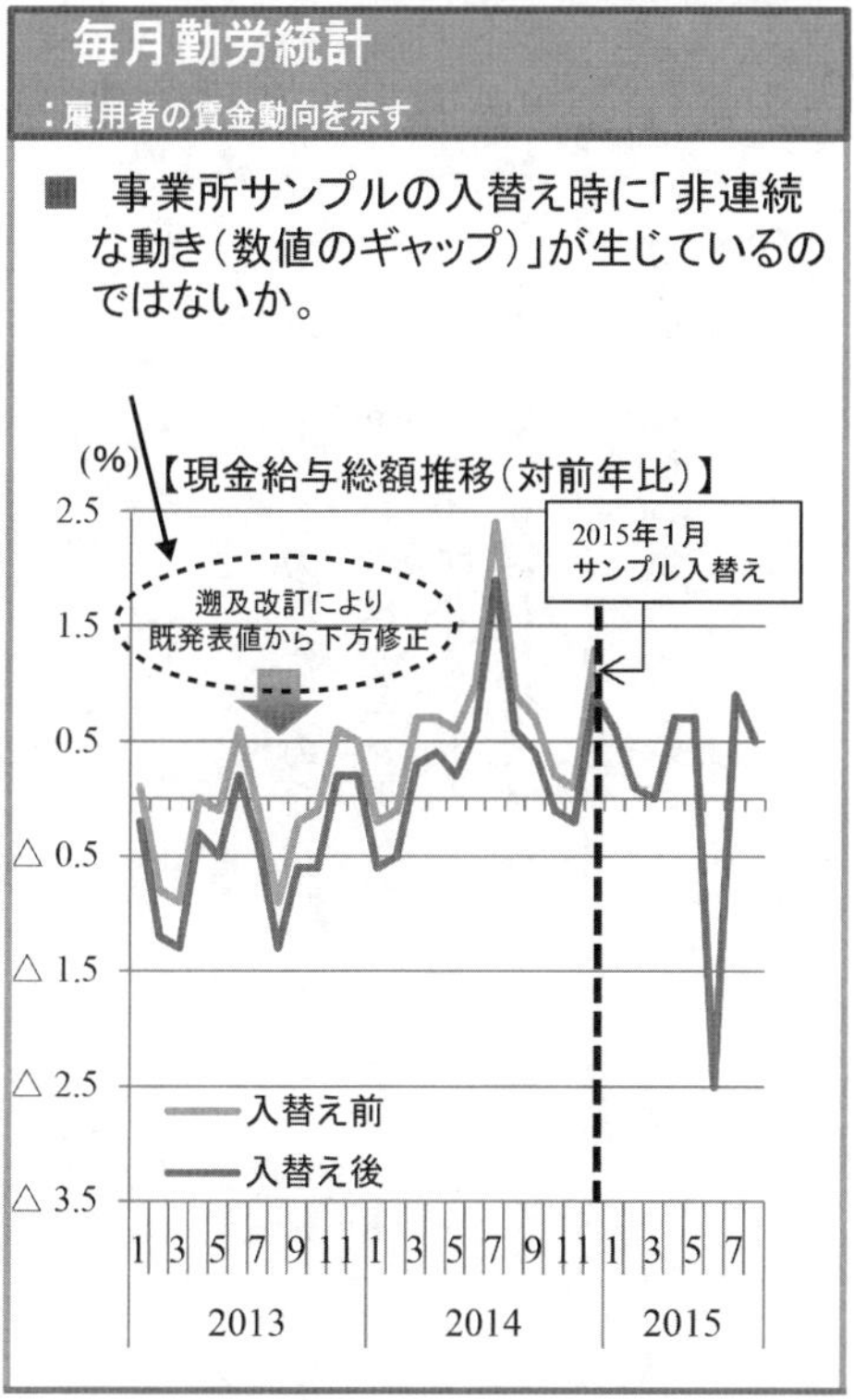

出典：「企業収益等の動向／基礎統計の更なる充実について」
平成27年10月16日麻生議員提出資料

点線で囲った部分を見ればわかるとおり、「**遡及改訂により既発表値から下方修正**」との記載がある。これは「一度発表した賃金が下がるのは問題だからなんとかせい」という圧力をかけているということだ。しかし、繰り返しになるが、サンプル入れ替えで賃金が遡って改定されて下がるのは仕方のないことであり、それで戦後70年間ずっと続けてきたのだ。そして何より、専門家を集めた先ほどの検討会でも「今までどおり」という結論がいったん出されていたのである。しかし、経済政策の司令塔である経済財政諮問会議において、ここまではっきり言われれば対応せざるを得ないだろう。

その後どうなったのか。２０１８年８月28日付統計委員会の資料に、この経済財政諮問会議後の経緯がわかりやすくまとめられているので引用する。

1．経緯

平成27年10月、経済財政諮問会議において、**麻生議員がＧＤＰ推計のもととなる基礎統計（毎月勤労統計を含む）の充実に努める必要性を指摘**。これを受け、同年11月、統計委員会に対して、サンプル替えの際に大幅な断層や遡及改訂が生じる場合の、サンプル替えのあり方や、遡及改訂する際の過去サンプルとの整合性のあり方について

考え方を示すこと、これらを始めとする横断的な課題について、早急に検討し、方針を整理することを要請。（別添1）

上記要請を受け、統計委員会は、**未諮問基幹統計審議の一環として、関連の課題を審議。**毎月勤労統計の改善等については、

●**ローテーション・サンプリングの導入に向け…取り組むことが必要**

●賃金・労働時間指数の補正方法について…引き続き検討していく必要

●継続標本を利用して指数を作成し、参考系列として提供することを検討する必要などと結論。（別添2）

統計委員会は、上記結論を踏まえて、旧横断的課題検討部会の下に新旧データ接続検討WGを設置し、各種統計調査の接続方法に係る『望ましい方法』を整理。（別添3）

この整理に従い、厚生労働省は「毎月勤労統計の変更について」を諮問（97号）。

統計委員会は**これを適当と答申。**（別添4）

ここで「ローテーション・サンプリング」というカタカナが出てくるが、要するに「部分入れ替え」のことである。これに取り組むことが必要、という結論になっている。さら

に、前記で「別添4」と記載されている統計委員会の答申（2017年1月27日付）を見ると、次のような記載がある。

厚生労働省は、ローテーション・サンプリングの導入に伴い、調査対象事業所の入れ替え時における賃金・労働時間指数の取扱いについて、従前の方法を改め、**新指数と旧指数をそのまま接続させるとともに、遡及改訂も行わない**こととしている。また、経過措置期間中も同様の対応をとることとしている。

これについては、横断的課題審議結果を踏まえた対応であることから、**適当である。**

このように、結局「検討会」が反対した**部分入れ替えが導入され、かつ、遡及改定もされないことになった。**これにより「いったん公表された賃金が遡って下がる」という現象は消えた。官邸の圧力が実ったのである。

変更申請すらされていなかったベンチマーク

さて、ここで「ベンチマークはいつ審議されたの？」と疑問に思われた方もいるだろう。

この点について、2019年2月18日衆議院予算委員会において、立憲民主党・長妻昭議員と、西村清彦統計委員会委員長との間でこんなやり取りがあった。

長妻委員　（中略）では、西村委員長、もう一回お伺いしますけれども、先ほど、十分な資料がなくてこれはペンディングになったと。そのとおりなんです。これは、根本大臣はちょっとなかなかお答えできないんですが、いかがでございますか。

西村参考人　お答えいたします。

正確に申し上げますと、ワーキンググループがありまして、新旧データ接続検討ワーキンググループ……（長妻委員「これね」と呼ぶ）それです。それで、**このときの場合には、ウェイト変更は問題が複雑になるため資料を除外するということは明示して、**接続方法を検討いたしました。

それを受けて、統計委員会に二十八年の十一月に諮問されたわけですが、そのときは個別の統計として審議いたしました。審議は、さっき言いました変更内容について、さきに示した横断的な考え方を踏まえつつ、その他の面も含めて、かつ、この新旧データ接続ワーキンググループの議論を含めて、多角的に審議した結果という形になっております。

長妻委員　結局、議論していないんです。

今委員長も正直におっしゃっていただいて、ベンチマーク更新というんですが、総務省はウェイト更新というんです、呼び方として。全く同じことです。**厚労省はベンチマーク更新と呼んでいるんですが、今、委員長がウェイト更新は除外するということをおっしゃっていただいたわけでございます。**

驚いたことに、かさ上げ要因の中で最も大きい「ベンチマーク更新を遡及しない」という点について、一切議論がされていなかったのだ。

これは公開されている文書でも確認できる。基幹統計調査を変更するには、担当行政機関の長が変更を申請して総務大臣の承認を得なければならず（統計法11条1項）、総務大臣は承認の前に原則として統計委員会の意見を聴かなければならない（同法11条2項、9条4項）。この統計委員会へ意見を聴くことを「諮問」と言い、毎月勤労統計調査の変更は「諮問97号」として諮問に付されている。左記URLの中の「別添4」という資料がそれだ。

http://www.soumu.go.jp/main_content/000571394.pdf

そして、これを見ると、サンプル部分入れ替えとそれを遡及しないことについてはきちんと載っているが、「ベンチマーク更新を遡及しない」という点については一言も触れられていない。

そして、2018年8月28日付で作成された「毎月勤労統計の接続方法及び情報提供に係る統計委員会の評価」という文書には、次のようなことが記載されている。

今回の断層には、⑤標本交替による断層に加えて、③基準改定・ウェイト更新・計算方法の変更に伴う断層も含まれている。**WGでは③を明示的には取り上げていないが、**WGにおいて考え方を整理する際に参考とした月次の9基幹統計調査において結果を遡及改定していない。このため、③に関して⑤の考え方を援用したものであり、標準的な対応と評価できる。

WGというのは「ワーキンググループ」の略であり、要するに検討会のことだ。そして、右記で「ウェイト更新」と言っているのは長妻議員も指摘しているとおり「ベンチマーク更新」のこと。「WGでは③を明示的には取り上げていない」とはっきり書いてあるとおり、ベンチマーク更新については一切議論されなかったのだ。さらに、「明示的には取り上げていない」と言葉を濁しているが、不正確である。先ほど挙げた諮問97号にはベンチマークの件は載っていないのだから、「そもそも変更申請の対象になっていない」というのが正確である。

ところが、統計委員会は、「月次の9基幹統計調査において結果を遡及改定していない」からという、よくわからない理由で結局追認してしまったのである。他の基幹統計がどうだということではなく、「今まで毎月勤労統計がベンチマーク更新にどう対応していたか、更新を遡及しないとどうなるか」が重要であろう。今まではちゃんと遡及していたから変な段差が生まれず、データの連続性を確保できたのである。

一見もっともらしい理屈をつけているが、結局は、もう数字が公表されており、今さら遡及改定したくないので、追認せざるを得なかった、ということであろう。何度も強調するが、今回、賃金上振れ要因の中で最も影響が大きいのがベンチマーク更新である。これにより、約0・4%も賃金が上がっている。**これほど影響の大きいベンチマーク更新を遡及適用しないということが、変更申請の手続すらなく、したがって一切の議論なく行われたのだ。**

先にも指摘したが、統計法上、基幹統計の変更は、担当行政機関の長において申請の上、統計委員会への諮問を経て、総務大臣の承認を得なければならない。「ベンチマーク更新を遡及適用しない」という点については、総務大臣への申請すらしていないのだから、明らかに統計法に違反している。

では、誰がいつこの「ベンチマーク更新を遡及適用しない」ことを判断したのか。この点について、根本厚労大臣が衆議院予算委員会において、「厚労省内で議論した」旨答弁していた。そこで、国民民主党の山井議員が質問主意書（衆議院議長を通じて内閣に対し文書で質問するもの）において、ベンチマーク更新不遡及について厚労省内部で議論した「日付」「それぞれの会議参加者」及び「回数」について回答を求めた。それに対し、「**その記録が確認できず、お答えすることは困難である**」との答弁書が返ってきた。このような**大事な議論の記録が一切残ってない**ということだ。

一番大事なベンチマーク更新不遡及について、誰がいつどんな議論をして決定したのか、完全にブラックボックスになっている。

常用労働者の定義変更はいつ行われたのか

では、今回の賃金上振れの「真犯人」とも言うべき常用労働者の定義変更はいつ行われたのか。前述の「諮問97号」の概要を見ると、常用労働者の定義変更も含まれている。サンプル部分入れ替え&不遡及と一緒に諮問に付されていたのだ。

この諮問に対し、統計委員会は次のように答申している。

本申請では、平成30年1月分調査から、調査事項の一つである常用労働者について、表1のとおり、定義を変更する計画である。

これについては、「統計調査における労働者の区分等に関するガイドライン」（**平成27年5月19日各府省統計主管課長等会議申合せ**）で示された労働者区分の整理を踏まえた対応であり、他の統計との比較可能性の向上に資するものであるため、適当である。

なお、定義変更に伴う賃金等への影響について、十分な情報提供を行う必要がある。

常用労働者の定義変更は、「平成27年5月19日各府省統計主管課長等会議申合せ」なる会議で決定されていた。この会議が開催されたのは、厚労省の官僚たちが中江総理大臣秘書官から「問題意識を伝えられた」とされる平成27年3月末よりも後である。

官邸から圧力を受けた官僚たちが、平均値の低い日雇労働者を外すことで賃金を上げることを画策した、と考えるのは深読みしすぎだろうか。

ところで、重要なのは、統計委員会が「定義変更に伴う賃金等への影響について、十分な情報提供を行う必要がある」と指摘している点である。

では厚労省は情報提供を行う気があるのだろうか。2019年2月12日衆議院予算委員会における小川議員と根本厚労大臣のやり取りを引用する。

根本国務大臣　その結果、今回の定義変更に伴う労働者数の変動は一％以内であると試算しておって、**賃金の伸びに与える影響はわずかであると考えるため、常用労働者の定義の変更に伴う賃金の伸びへの影響については試算をしておりません。**

小川委員　問題はそこなんですよ。労働者数について一％の変動があるということは認めている。統計委員会は、この点、かなり懸念していまして、定義変更に伴う賃金等への影響について十分な情報提供を行えと統計委員会の答申の中で書いています。

そして、私がよく議事録を調べてくることは前回おわかりいただいたと思うんですが、**この点は何度も何度も統計委員会の部会で議論されているんですよ。**

そして、ここで幾つか紹介したいと思いますが、**ある委員は、この定義変更に伴う評価をしていかないとまずい、急に定義の変更で数字が変わったのか、それとも実体経済の影響で起きたのかがわからない、それは統計としての役割が半減するという指摘をしている委員がいます。**

大体、**労働者数で一％、賃金で最大〇・三％考えられますよという指摘があったことは前回御紹介しました。**これに対する厚労省側の答弁なんです。厚労省の当時石原室長は、**かしこまりました、一六年十一月二十四日、方法論も含めていろいろと検討してまいりますという答えをきちんと言っているんですよ。翌年一月にも言っています。**定義変更のインパクトが大きいのか小さいのか、これを示すべきだという問いに対して、石原室長は、かしこまりました、賃金基本構造統計なりを使って評価したいと考えます。

責任が生じていますよ、これ。根本大臣、今みたいな御答弁じゃだめです。統計委員会の懸念をこういう形で反論して振り切ったんだから、きちんとこの定義変更に伴う影響は試算して国民に示しますと、もう一回答弁してください。

根本国務大臣　今般の見直しについては、統計調査同士の整合性をとるための見直しを図る中で、平成二十八年十一月二十四日の統計委員会サービス統計・企業統計部会において、雇用契約期間一カ月以内で、前二カ月、十八日以上労働者数の試算や雇用契約期間一カ月ちょうどの労働者の占める割合の試算を行った上で、今回の定義変更に伴う労働者数の変動は一％以内であることなどを説明し、御理解を得たものと承知をしております。

小川委員　それは誤解だ。

労働者数の変化率は一％で結構ですよ。**賃金はどうなるんですかと盛んに聞かれているわけです。**それに対して、こういうことも言っていますよ。もちろん、だから、結局試算しますすと言っているんですが、具体的に、二十九年の十二月と三十年の一月で定義が変わるわけですね。その定義が変わるときに、一部企業は定義を変更せずに前の定義で測定しますすから、この変化を追えるはずですという議論が議事録の中にある。

それで、さっき事務的に確認したら、やっていますよ、これ。**二十九年の十二月に日雇入りの数を計上し、三十年の一月から本来日雇を抜くんだけれども、三分の一の事業所、最終の、一月が最終である三分の一の事業所では日雇を入れて計算している、**

数字をとっている。そこから分析すれば明確に推計できるはずだ。大臣、それをやっているんですから、推計してください。

もう一つ。十二月にここまで言っています。もし、十二月と一月の調査票で、これは石原室長ですが、人数が違っているところがあれば、それは定義の変更によるのか景気の変動によるのかわからないから、電話連絡して調査しますということまで言って委員を納得させているわけです。

それこれ総じて、**統計委員会の委員の認識としては、あらゆる努力を講じてこの定義変更に伴う影響をきちんと国民に知らしめるという前提のもとに承認している。**

根本大臣、もう一回答弁してください、やると。

根本国務大臣　今、委員からお話をいただきました。これについては、この事実関係については、まず確認をさせていただきたいと思います。私も今初めてそこを聞きましたから、そこは事実関係をしっかり確認させていただきたいと思います。

小川委員　これは、さんざん事務的に何日も何日もやりとりしていますからね。もし、大臣、これ、全く聞いていないということになると、この勤労統計の問題に限らずですが、あらゆることで大臣の把握力なり危機管理能力なりが問われることになりますよ。その前提で慎重に御答弁ください。

どれだけ無茶苦茶なことになっているか、わかっていただけただろうか。統計委員会は日雇外しの影響について大きな懸念を抱いていたが、**厚労省は「情報提供をちゃんとやります」と強調して承認を得たのである。**しかし、実際は情報提供する気などさらさらなく、根本大臣は試算すらしていないと答弁している。小川議員指摘のとおり、容易に試算できるにもかかわらず、である。**統計委員会を騙したと言っても過言ではない。**もっとも、私の推測が正しければ、日雇外しの影響は、現在「サンプル入れ替え」と「ベンチマーク更新」の影響とされている数字に表れている。つまり、1304円の上振れである。

ここまでの話をまとめると、以下のとおりだ。

①サンプル部分入れ替えへ変更&不遡及は専門家の意見を無視して官邸の意見を強行。
②ベンチマーク更新不遡及は申請すらしていないので議論ゼロ。
③日雇外しの影響は一切試算しておらず、国民に情報提供する気ゼロ。

その上、ここに「こっそり復元」を加えて、賃金を思いっきりかさ上げし、「賃金21年ぶりの伸び率」というウソを大々的に国民へ喧伝《けんでん》したのである。このニュースが出たのはちょうど自民党総裁選の直前であった。また、速報値における「3・6％」という数字は、安倍総理が掲げた「賃上げ3％」という目標と整合するものであった。これは偶然であろうか。

現在も、2018年の賃金は、サンプルが一部異なり、ベンチマークも違う前年と「そのまま」比較した伸び率が「公表値」として公表され続けている。算出方法の違う数字を比較した伸び率は明らかに「ウソ」の数字だ。

統計法60条2号は「基幹統計の作成に従事する者で基幹統計をして真実に反するものたらしめる行為をした者」を6月以下の懲役または50万円以下の罰金に処するとしている。公表値は真実に反するのだから、これに該当し、統計法違反になると言うべきである。政府が堂々と統計法違反をし続けているという前代未聞の異常事態が起きている。

姑息な「西村委員長隠し」

統計委員会の西村委員長は、「3分の1しか抽出していなかった問題」や「ベンチマーク更新不遡及問題」について、政府側に不利となる発言を度々してきた。そこで、政府がどうしたか。なんとウソの文書をでっちあげて西村委員長が国会に出てこないようにしようと画策したのである。2019年3月1日付朝日新聞記事「『協力できぬ』文書、無断で出され『遺憾』統計委員長、総務省を批判」（別宮潤一記者）を引用する。

西村清彦・統計委員長は28日の衆院予算委員会集中審議で、**多忙のため国会審議に協力しない意向だとする文書を総務省が無断で作り、野党側に配布したこと**について「（事務方との）やりとりがメモにされた」と説明。「確認もなく国会に提出され極めて遺憾」と総務省を批判した。

問題の文書は、総務省官房長が22日に衆院総務委の野党理事に配った。西村氏の署名はないが「統計委員長は非常勤の時間給のアルバイト。これ以上本務に支障をきたす形では協力できない」と書かれていた。西村氏は23日、文書の提出指示を否定。出席を容認する別の文書を改めて総務委に提出した。

統計問題を追及する野党は「真相究明のキーマンを役所が理由を作って出てこないようにブロックしている」と批判。西村氏は28日の衆院予算委で「一度断った出席要請がある状況で、やや直接的な言い方で伝えたかもしれない」と述べ、統計委の担当室長への発言を基にした文書との認識を示した。そのうえで「**私に何の確認もなく国会に提出された。極めて遺憾**」とも語った。

予算委で立憲民主党の長妻昭氏は「公文書偽造の危険性がある」と指摘した。総務省幹部は「省内用のメモで西村氏の出席を拒むような意図はない」と釈明するが、**内閣府の公文書管理委員会委員を務めた三宅弘弁護士は「公務で作っているので公文書。仮に『うっかり』だったとしても、実際に野党に示しているので、形式的には無印公文書偽造・同行使に当たりうる**」と取材に語った。

無印公文書偽造・同行使にあたりうる行為をしてまで、西村委員長を隠そうとしたのである。モリカケ問題で一度文書の改ざんに手を染めた政府は、感覚が麻痺《まひ》しているようだ。既成事実を作り上げてしまえば、西村委員長も出てこられないだろうと高をくってこんなことをしたのだろう。異常である。

だが、この「賃金統計偽装」問題は入り口に過ぎない。本丸はＧＤＰねつ造疑惑である。

第6章 「ソノタノミクス」でGDPかさ上げ

アベノミクスがもたらした悲惨な「結果」

２０１６年12月にＧＤＰが大幅に改定されたのだが、その前に、改定前のＧＤＰがどれだけ悲惨な結果になっていたのかを確認しよう。端的にまとめると次の６点に要約できる。

①２０１４年度の実質民間最終消費支出はリーマンショックが起きた２００８年度を超える下落率を記録した。
②戦後初の「２年度連続で実質民間最終消費支出が下がる」という現象が起きた。
③２０１５年度の実質民間最終消費支出は、アベノミクス開始前（２０１２年度）を下回った（消費がアベノミクス前より冷えた）。
④２０１５年度の実質ＧＤＰは２０１３年度を下回った（３年分の成長率が１年分の成長率を下回った）。
⑤暦年実質ＧＤＰにおいて、同じ３年間で比較した場合、アベノミクスは民主党時代の約３分の１しか実質ＧＤＰを伸ばすことができなかった。
⑥２０１４年度は、オイルショックの翌年の１９７４年度以来の「名目はプラス成長、実質はマイナス成長」という現象が起きた。

なぜこんな悲惨なことになったのか。答えは単純である。消費税増税に「円安インフレ」を被《かぶ》せたため、短期間で物価が急上昇してしまい、名目賃金が全然それに追いつかなかったので、実質賃金が「墜落」し、消費が異常に冷え込んだからである。簡単に言えば、アベノミクスは国民を貧しくしただけだったのである。

だが……これが２０１６年12月のＧＤＰ改定で大きく変わることになる。

ＧＤＰ改定でアベノミクス以降のみ「異常なかさ上げ」

ＧＤＰ改定の要因をまとめると以下の４点である。

①実質ＧＤＰの基準年を平成17（２００５）年から平成23（２０１１）年に変更
②算出基準を１９９３ＳＮＡから２００８ＳＮＡに変更
③その他もろもろ変更
④１９９４年まで遡って全部改定

①について、実質ＧＤＰとは、ある年の名目ＧＤＰを基準に、そこから物価変動の影響を取り除いた値。したがって、特定の年を基準年として定める必要がある。改定前まではその基準年が平成17年だったが、それが平成23年に変更された。この点は特に問題ない。

②について、「ＳＮＡ」とは国際的なＧＤＰ算出基準のこと。いままでは１９９３ＳＮＡが使用されていたが、今回の改定では２００８ＳＮＡが使用されることになった。これによって研究開発費等が上乗せされるので、名目ＧＤＰがおおよそ20兆円ほどかさ上げされる。表向き、この点が最も強調されていた。

③について、これが最も重要である。２００８ＳＮＡと全然関係ない部分でその他もろもろ変更されているのだ。内閣府はこの点について次のように説明していた。

各種の概念・定義の変更や推計手法の開発等も実施

●国際比較可能性を踏まえた経済活動別分類の変更（サービス業の詳細化等）

●供給・使用表（ＳＵＴ）の枠組みを活用した新たな推計手法

●建設部門の産出額の新たな推計手法　　等

図6-1　名目GDPの推移(平成17年基準)

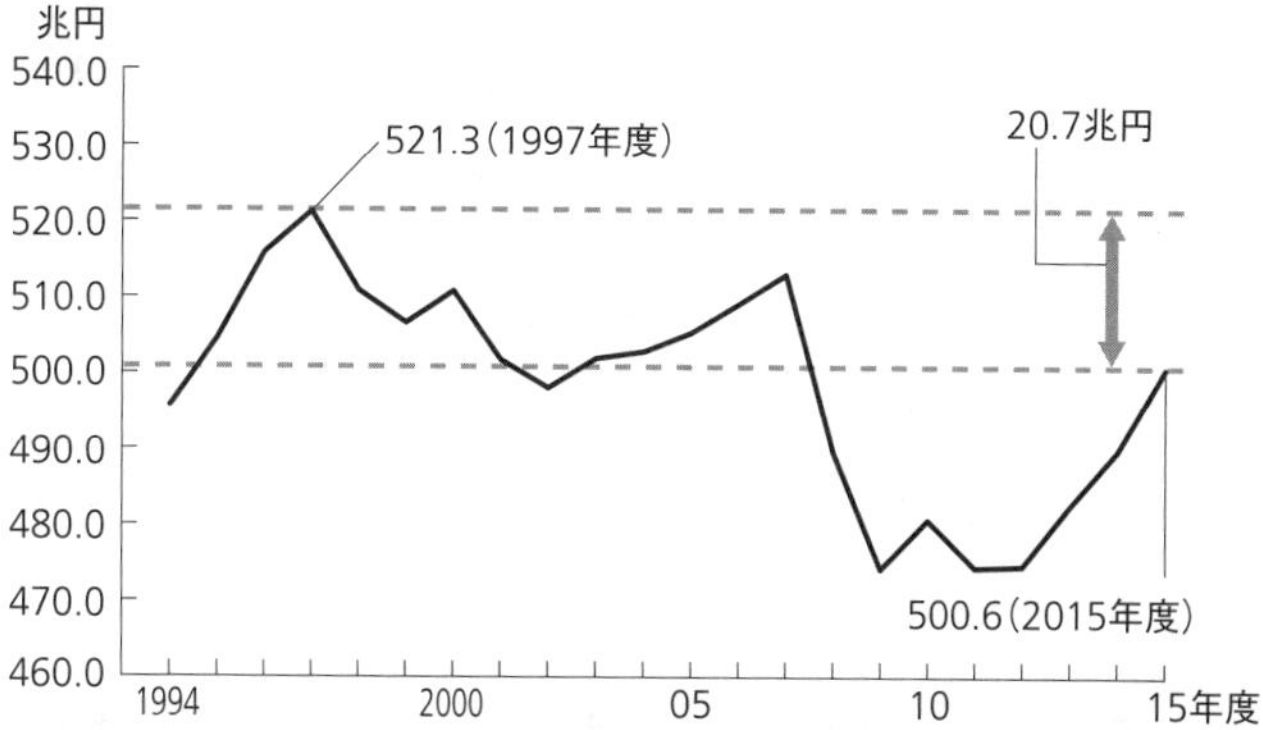

資料:内閣府ホームページ「国民経済計算」

最後に「等」とついているのがミソ。要するに「いろいろ入ってます」ということである。

④について。これも結構重要な点で、わざわざ1994年度までの22年も遡って改定したのである。なぜそんなことをしたのか、これは後でわかってくる。

歴史が変わってしまった改定

まずは改定前のGDPを確認してみよう。図6-1のグラフだ。

改定前、2015年度の名目GDPは、ピークだった1997年度と20・7兆円も差があった。2015年度の数値は、過去22年度で言うと13番目の数値。なお、この名目GDPだけ見るとアベノミクス以降が非常に伸びているように見えるが、物価の変動を取り除

図6-2　実質GDPの推移（平成17年基準）

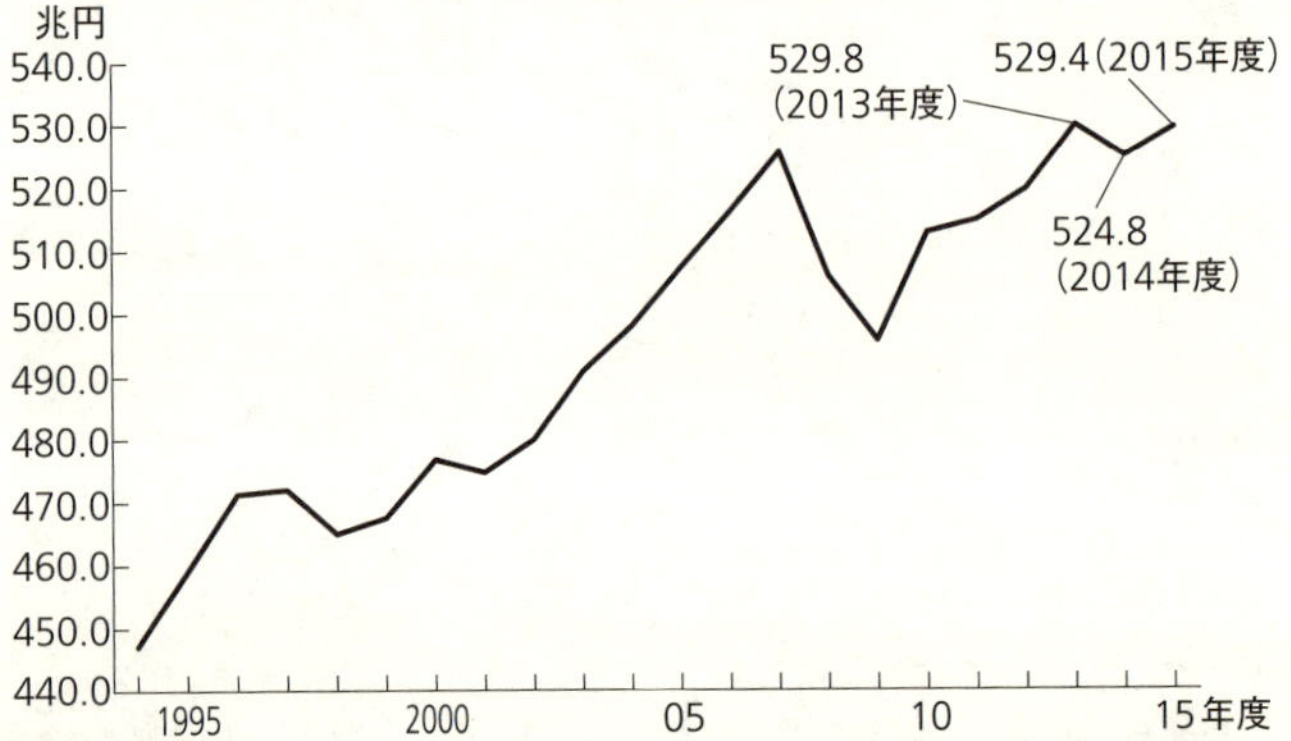

出典：内閣府ホームページ「国民経済計算」

いた実質でみると全然違う。

図6－2のグラフを見てほしい。名目は単に物価が上がるだけでも伸びるので、経済の実態を見るには実質値を見なければならない。

改定前の2015年度実質GDPは、2013年度を下回ってしまった。これは3年分の伸び率が1年分の伸び率を下回ったことを意味する。増税と円安で急に物価を上げたのでこんな悲惨な失敗をしたのだ。

話を元に戻す。**図6－3**が改定後の名目GDPのグラフである。

このように、改定後の名目GDPでは、**2015年度と1997年度の差はわずか0・9兆円になっている。**改定前からどれだけかさ上げされたのか、かさ上げ額の推移を示した**図6－4**のグラフを見てみよう。

かさ上げ幅はアベノミクス以降が異常に突出してい

図6-3　名目GDPの推移(平成23年基準)

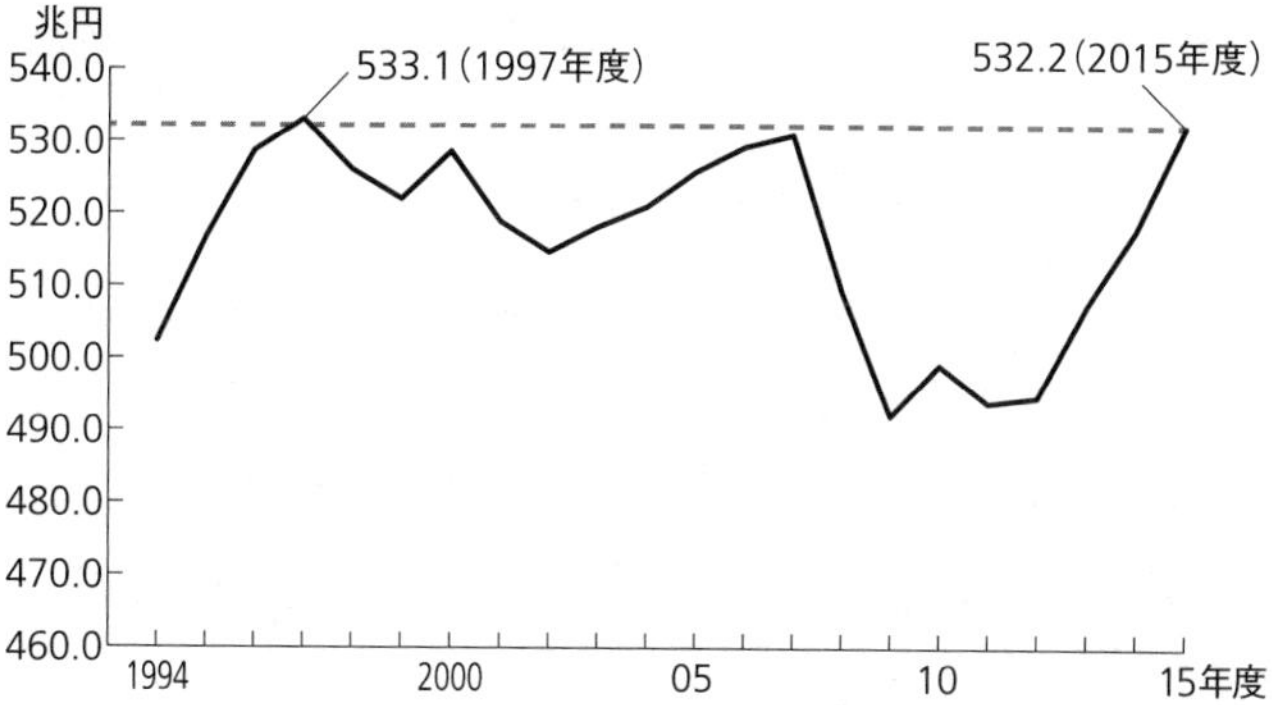

資料:内閣府ホームページ「国民経済計算」

図6-4　平成17年基準と平成23年基準の差額

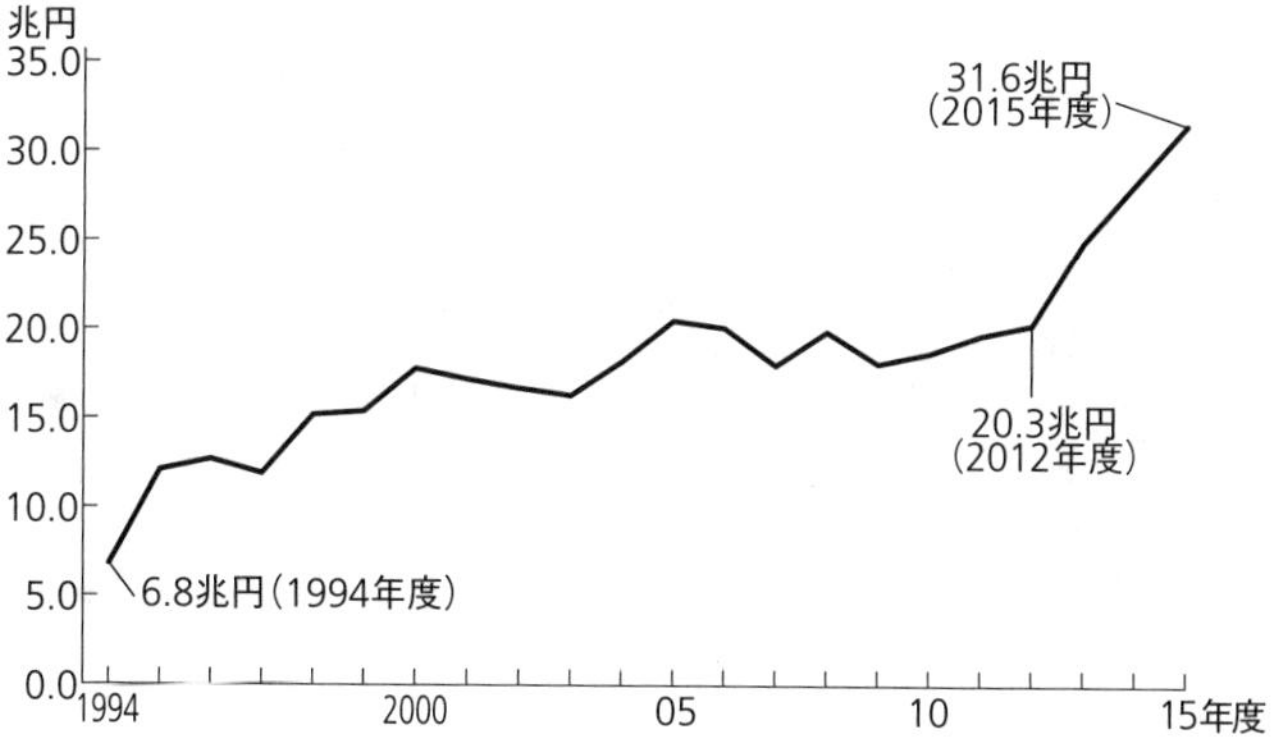

資料:内閣府ホームページ「国民経済計算」

（単位：兆円）

年度（平成）	17年 2005	18年 2006	19年 2007	20年 2008	21年 2009	22年 2010	23年 2011	24年 2012	25年 2013	26年 2014	27年 2015
名目GDP（平成23年基準）	525.8	529.3	531.0	509.4	492.1	499.2	493.9	494.7	507.4	517.9	532.2
名目GDP（平成17年基準）	505.3	509.1	513.0	489.5	474.0	480.5	474.2	474.4	482.4	489.6	500.6
改定幅	20.5	20.1	18.0	19.9	18.1	18.7	19.7	20.3	25.0	28.3	31.6
2008SNA対応	19.8	20.7	21.4	21.1	19.2	19.4	19.8	19.6	21.0	23.0	24.1
研究・開発（R&D）の資本化	16.9	17.7	18.3	18.1	16.4	16.4	16.6	16.6	17.3	18.5	19.2
市場生産者分	13.6	14.3	14.9	14.7	13.1	13.1	13.3	13.3	14.0	15.1	15.8
非市場生産者分	3.3	3.3	3.4	3.4	3.3	3.3	3.3	3.3	3.3	3.4	3.4
特許等サービスの扱いの変更	0.9	1.1	1.3	1.2	1.1	1.3	1.5	1.4	2.1	2.8	3.1
防衛装備品の資本化	0.6	0.6	0.6	0.6	0.6	0.6	0.6	0.6	0.6	0.6	0.6
所有権移転費用の取扱い精緻化	1.1	1.1	1.0	1.0	0.9	0.9	0.9	0.8	0.8	1.0	0.9
中央銀行の産出額の明確化	0.2	0.2	0.2	0.2	0.2	0.2	0.2	0.2	0.2	0.2	0.2
その他	0.7	−0.6	−3.4	−1.2	−1.1	−0.8	−0.1	0.6	4.0	5.3	7.5

資料：平成28年12月22日付内閣府作成資料
「平成27年度国民経済計算年次推計（平成23年基準改定値）（フロー編）ポイント」

図6-5　名目GDP（実額）の改定要因について

（単位：兆円）

年度（平成）	6年 1994	7年 1995	8年 1996	9年 1997	10年 1998	11年 1999	12年 2000	13年 2001	14年 2002	15年 2003	16年 2004
名目GDP（平成23年基準）	502.4	516.7	528.7	533.1	526.1	522.0	528.6	518.9	514.7	518.2	521.0
名目GDP（平成17年基準）	495.6	504.6	515.9	521.3	510.9	506.6	510.8	501.7	498.0	501.9	502.8
改定幅	6.8	12.1	12.7	11.9	15.2	15.4	17.8	17.2	16.7	16.3	18.2
2008SNA対応	14.6	15.1	16.0	16.9	17.1	17.0	17.3	17.4	17.9	18.1	18.6
研究・開発（R&D）の資本化	13.0	13.5	14.2	14.9	15.2	15.1	15.3	15.4	15.6	15.7	16.0
市場生産者分	10.7	11.1	11.7	12.3	12.5	12.2	12.3	12.4	12.5	12.6	12.8
非市場生産者分	2.3	2.4	2.5	2.6	2.8	2.8	2.9	3.0	3.1	3.2	3.2
特許等サービスの扱いの変更	−0.3	−0.3	−0.1	0.1	0.0	0.1	0.2	0.2	0.4	0.5	0.7
防衛装備品の資本化	0.6	0.6	0.6	0.6	0.6	0.6	0.6	0.6	0.6	0.6	0.6
所有権移転費用の取扱い精緻化	1.1	1.0	1.0	1.1	1.1	1.1	1.0	1.1	1.1	1.1	1.1
中央銀行の産出額の明確化	0.2	0.2	0.2	0.2	0.2	0.2	0.2	0.2	0.2	0.2	0.2
その他	−7.8	−3.0	−3.3	−5.0	−1.9	−1.6	0.5	−0.2	−1.2	−1.8	−0.3

る。まさにうなぎのぼりである。金額で言うと、2015年度はアベノミクス直前（2012年度）の1・5倍。そして90年代との差が異常。1994年度なんて6・8兆円しかかさ上げされていない。2015年度のかさ上げ額の4分の1にも満たないのだ。同じ基準で改定したはずなのにこんなに異常な差が出るのである。

このかさ上げ額の内訳について、GDP改定当時に内閣府が公表していたのが**図6-5**の表である。

改定要因を大きく分けると、「①2008SNA対応によるもの」「②その他」の2つである。まずは①の点から見てみよう。**図6-6**のグラフだ。

アベノミクス以降が急に伸びている。特に2015年度は1994年度より約10兆円もかさ上げ額が大きい。この部分もかなり怪しいのだが、「その他」は全く次元が違う。**図6-7**のグラフに示した。

アベノミクス以降だけ大きくプラスになっていて、その他の年度はほぼ全部マイナス。プラスになっている年度だって1兆円にも満たない。あまりにも違いすぎる。

アベノミクス以降の「その他」かさ上げ額の平均値は5・6兆円。そして、全部マイナスになっている1990年代の平均値はマイナス約3・8兆円だ。特に1997年度と2

図6-6　2008SNAによるかさ上げ額

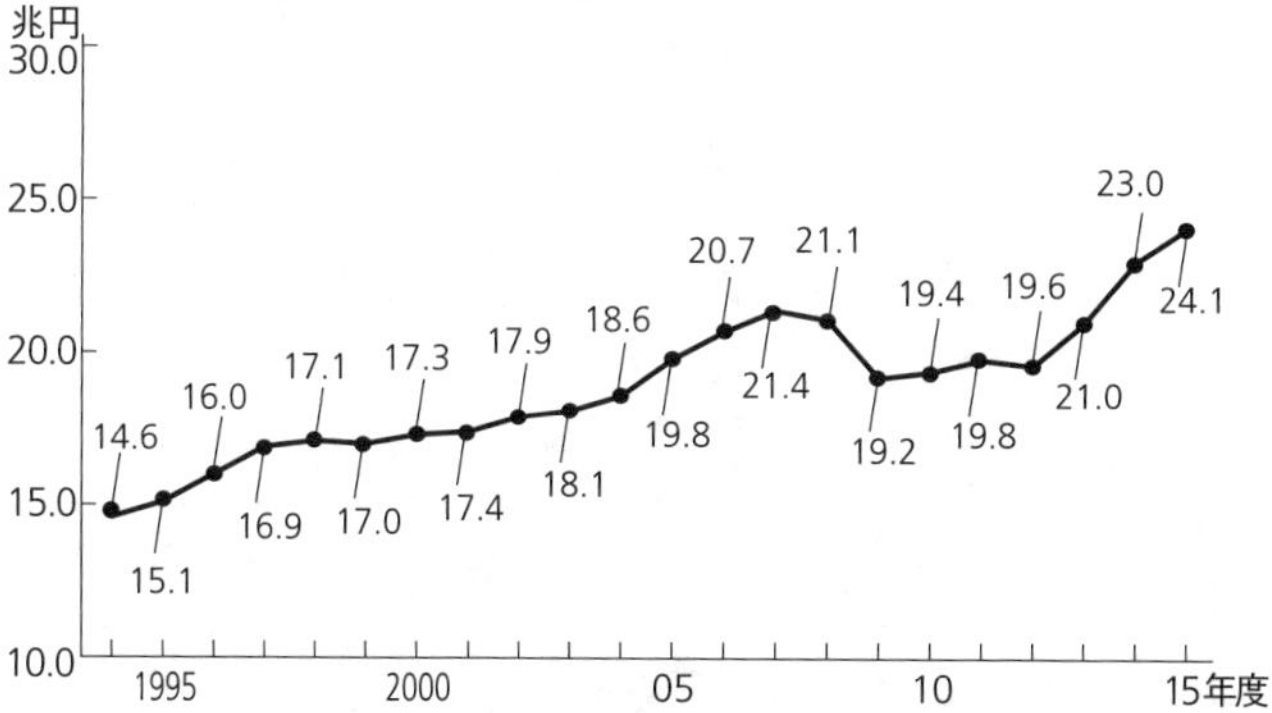

資料：平成28年12月22日付内閣府作成資料「平成27年度国民経済計算年次推計（平成23年基準改定値）（フロー編）ポイント」

図6-7　「その他」のかさ上げ額

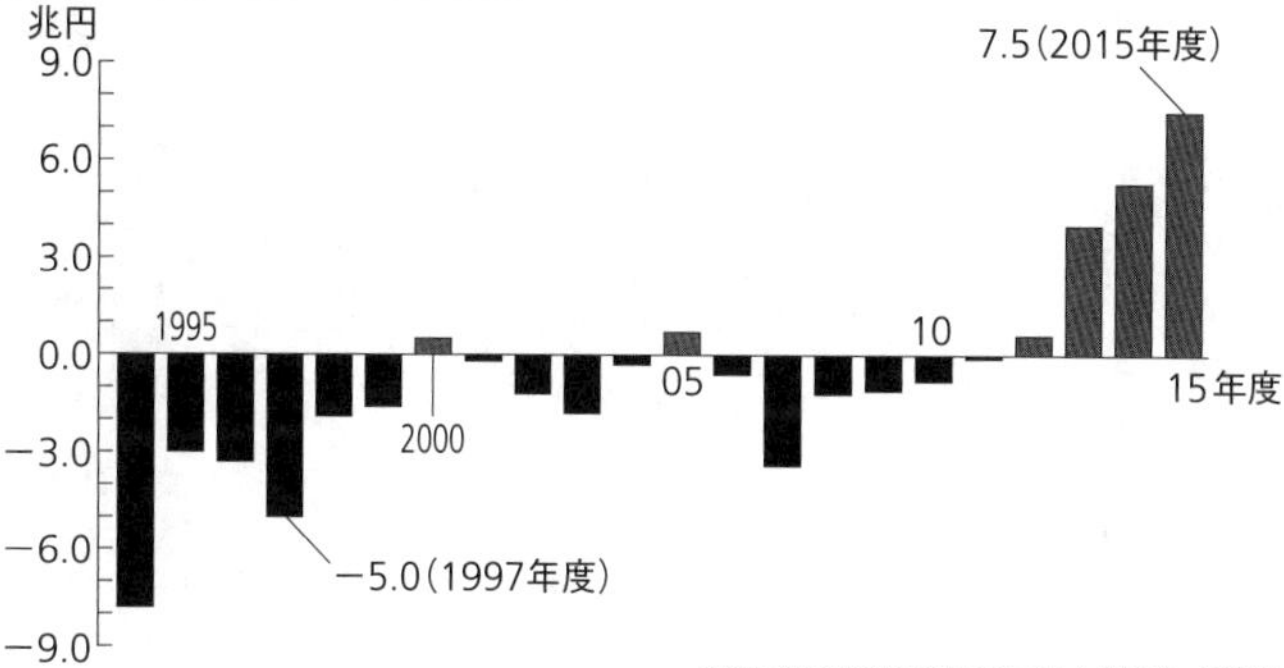

資料：平成28年12月22日付内閣府作成資料「平成27年度国民経済計算年次推計（平成23年基準改定値）（フロー編）ポイント」

015年度を比較してほしい。この「その他」だけで12・5兆円もの差がついている。だから改定前に20・7兆円もあった差がほぼ埋まるという現象が起きたのである。

このように、「その他」によってアベノミクス以降のみ大きくかさ上げし、逆に90年代は大きくかさ下げされる現象を、私は「ソノタノミクス」と名付けた。

なお、最初は「カサアゲノミクス」と呼んでいたのだが、アベノミクス擁護派が、盛んに「かさ上げは国際的基準である2008SNAに合わせたことによるものだから問題ない」と反論してくるので、混同されないよう、名前を変えた。再度強調するが、**「その他」は、2008SNAとは全く関係ない。**擁護派がしきりに混同させようとしてくるので絶対に間違えてはならない。

では改定後の数値から「その他」を引くとどうなるのか見てみよう。図6-8のグラフだ。「その他」で1990年代を押し下げて、その代わりにアベノミクス以降を思いっきりかさ上げしているのがよくわかるだろう。**1997年度と2015年度は実に13・4兆円も差がある。**

「その他」を差し引くと、2015年度は過去22年度中8位まで順位が下がる。「その他」で思いっきりかさ上げされているところだけを見るのでは足りない。**1997年度を含む**

図6-8　平成23年基準から「その他」を引いた数値

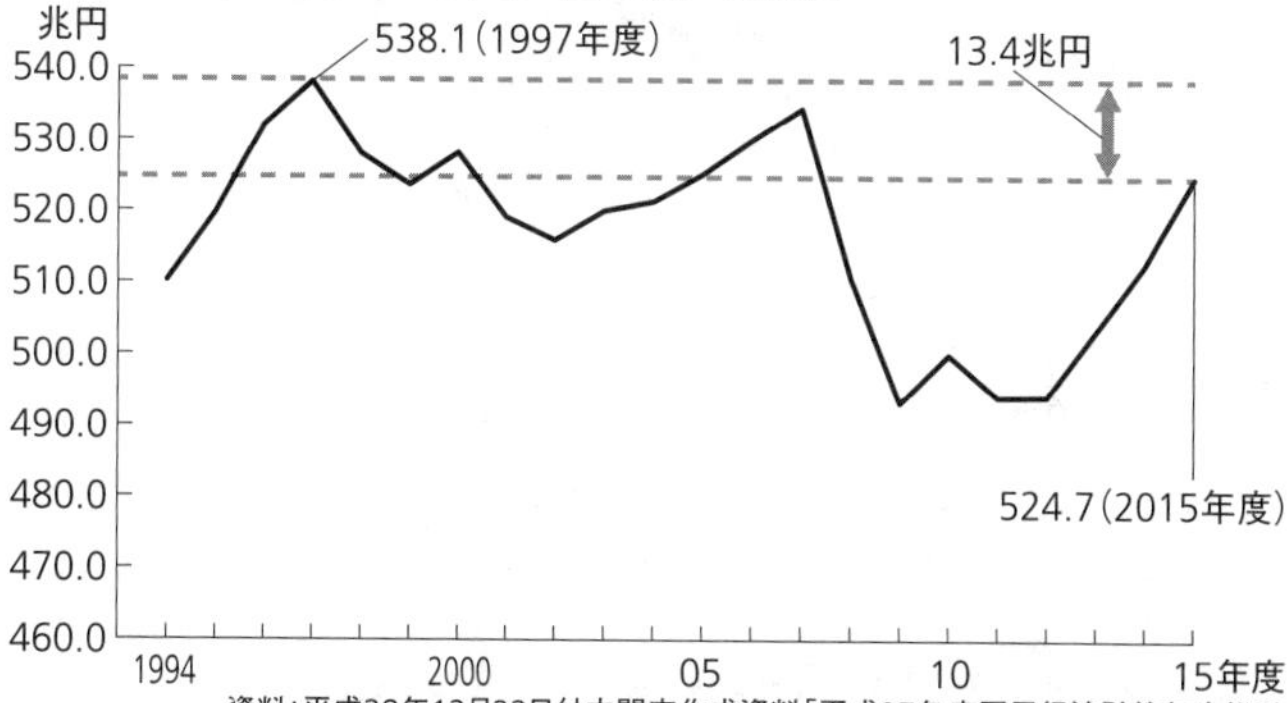

資料：平成28年12月22日付内閣府作成資料「平成27年度国民経済計算年次推計（平成23年基準改定値）（フロー編）ポイント」、内閣府ホームページ「国民経済計算」

90年代が大きくかさ「下げ」されているのも特徴である。だからこそ2015年度が1997年度にほとんど追い付くことができている。そして、このグラフにはないが、2016年度以降の名目GDPは史上最高額を更新し続けている状態になっている。

こうやって大きく数字を調整したことにより、本章の冒頭で紹介した「アベノミクスを象徴する6現象」のうち、4つが消滅してしまった。**図6-9**の表のとおりだ。

なお、②について、年度（4月～翌3月）ではなく暦年値（1月～12月）で見ると、第2章で述べたとおり、2014～16年の3年連続で実質民間最終消費支出が落ちるという現象が起きている。年度データと混同しないように注意されたい。

では、この「その他」がどこに充てられたのか。名

図6-9　改定前後のアベノミクス失敗6大現象比較

	改定前	改定後
①	2014 年度の実質民間最終消費支出はリーマンショックが起きた 2008 年度を超える下落率を記録した。	そのまま
②	戦後初の「2 年度連続で実質民間最終消費支出が下がる」という現象が起きた。	消えた
③	2015 年度の実質民間最終消費支出は、アベノミクス開始前(2012 年度)を下回った(消費がアベノミクス前より冷えた)。	消えた
④	2015 年度の実質 GDP は 2013 年度を下回った(3 年分の成長率が 1 年分の成長率を下回った)。	消えた
⑤	暦年実質 GDP において、同じ 3 年間で比較した場合、アベノミクスは民主党時代の約 3 分の 1 しか実質 GDP を伸ばすことができなかった。	消えた
⑥	2014 年度は、オイルショックがあった 1974 年度以来の「名目はプラス成長、実質はマイナス成長」という現象が起きた。	そのまま

目民間最終消費支出の差額と、「その他」のかさ上げ額を比較すると、アベノミクス以降のみ、3年度連続でほぼ一致する。**図6-10**のグラフだ。「その他」で異常にかさ上げされた数値は、アベノミクスで最も失敗した民間消費に充てられたように見える。

この傾向は暦年値でも同じ。すなわち、先ほども指摘した暦年値実質民間最終消費支出における戦後最大の消費低迷は、「その他」で思いっきりかさ上げした後の結果なのである。かさ上げしなければもっと悲惨なことになっていたことは間違いない。

さらに、平成17年基準だと、アベノミクス以降の経済成長率は年1・8%程度だったが、改定後は年2・5%程度になった。このペースを維持できれば、ちょうど2020年度に名目GDPが600兆円に到達する（※532・2×1・025×1・025

図6-10　名目民間最終消費支出差額と「その他」のかさ上げ額

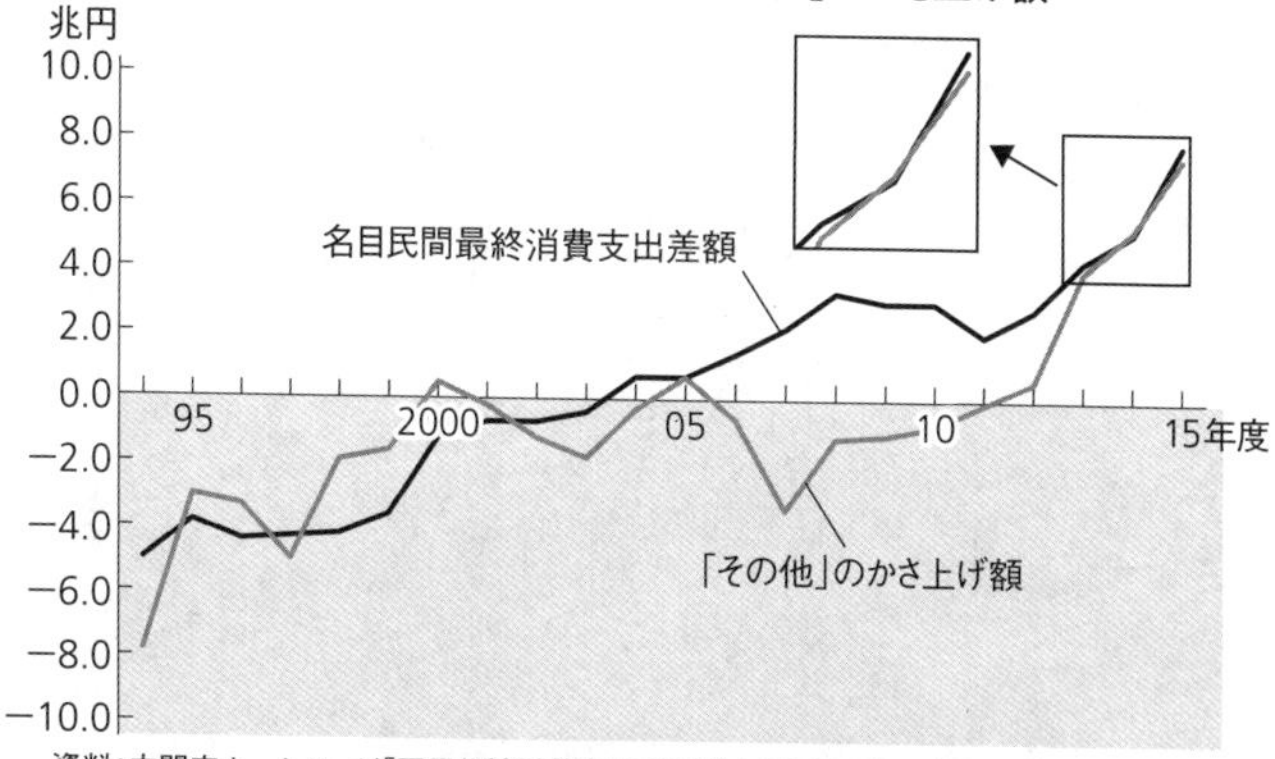

資料：内閣府ホームページ「国民経済計算（GDP統計）」、平成28年12月22日付内閣府作成資料「平成27年度国民経済年次推計（平成23年基準改定値）（フロー編）ポイント」

×1・025×1・025×1・025≒602・1兆円）。

　そして、安倍総理は「2020年を目途に名目GDP600兆円達成」を目標にしていた。まるで安倍総理の目標に合わせたかのようなかさ上げである。賃金と同じような現象が起きている。毎月勤労統計調査における賃金も、総理の「賃上げ3％」という目標に合わせるかのように異常なかさ上げがされ、2018年6月の名目賃金前年同月比伸び率速報値が3・6％を記録し、「賃金21年ぶりの伸び率」などと大々的に喧伝されたのである。

「その他」の内訳は？

　では、気になる「その他」の詳細な内訳はあるのだろうか。拙著『アベノミクスによろしく』の出版前（２０１７年10月６日発売）に、念のため私の担当編集者が内閣府に問い合わせたところ、こんなメールが返ってきた。

集英社インターナショナル　本川様
平素より大変お世話になっております。

内閣府経済社会総合研究所のIと申します。

昨日お問い合わせのあった件について連絡が遅くなり、申し訳ありません。

当方で確認しましたところ、「その他」は平成23年基準改定のうち、「２００８ＳＮＡ対応」を除いた部分になりますが、産業連関表の取り込み、定義・概念・分類の変更、その他の推計方法の変更（建設コモ法の見直し）等々が含まれ、様々な要素があり、どの項目にどれほど影響しているか等の内訳はございません。

ですが、以下の資料でそれぞれ、２００８ＳＮＡ対応とそれ以外で詳しく解説がありますので、ご参考までに送付させていただきます。

プレアナウンス
http://www.esri.cao.go.jp/jp/sna/seibi/2008sna/pdf/20160915_2008sna.pdf

←さらに詳しく
利用上の注意
http://www.esri.cao.go.jp/jp/sna/data/data_list/kakuhou/files/h27/sankou/pdf/tyui27.pdf
←さらに詳しく
季刊
http://www.esri.go.jp/jp/archive/snaq/snaq161/snaq161_c.pdf

このように、「内訳はない」との回答が来たのである。私の心証は真っ黒になった。

急造された「内訳（に近い）表」

2017年12月10日、BS-TBSの「週刊報道LIFE」において、私が指摘した「ソノタノミクス」問題が取り上げられる予定であった。が、放送は同月24日に延期された。

そして、延期後の放送日の2日前（同月22日）に内閣府から、「その他」の「内訳表に近いもの」が公表された。当初の放送予定日の時点ではこの表はできておらず、急造したのは明らかである。

テレビで取り上げられるのに「『その他』の内訳はありません」と言ったら疑惑が大きく世間に広まってしまう。だから、内閣府のほうからBS-TBSに働きかけて当初の放送予定日を延期してもらい、その間に急いで表を作ったのではないだろうか。

この表について、内閣府はこんな説明をしている。

本資料で掲げた「1.」から「3.」のそれぞれの項目は相互に影響し合っており、また**ここに掲げた以外の推計方法変更や基礎統計の反映などの影響もあり、**これらの要因を厳密に分解できるわけではないこと、また、商業マージンの改定額については記録時点も異なっている（暦年値）ことや中間消費や最終需要といった配分先ごとの改定額を計算することが困難であるため、そのすべてが最終需要に配分されたとの仮定を置いた計算となっていることなどから、**本資料の結果については、幅をもって見る必要がある。**

重要なのは、**今回示されたもの以外にも影響している項目はあるということだ。**「その

図6-11　「その他」の内訳（に近い）表　（単位：兆円）

年度（暦年）	持ち家の帰属家賃	建設投資	自動車（総固定資本形成）	自動車（家計最終消費支出）	飲食サービス	商業マージン	左記項目の合計	「その他」要因	「その他」との差額（「その他」要因－左記項目の合計）
1994	0.0	−0.7	−1.4	−1.6	1.0	−3.2	−6.0	−7.8	−1.8
1995	0.0	3.6	−2.0	−1.2	1.0	−3.8	−2.3	−3.0	−0.7
1996	0.0	3.0	−2.3	−1.9	0.6	−3.2	−3.8	−3.3	0.5
1997	0.0	0.2	−2.4	−2.0	0.3	−2.4	−6.3	−5.0	1.3
1998	0.0	2.8	−2.4	−1.9	−0.1	−1.6	−3.3	−1.9	1.4
1999	0.0	2.9	−2.4	−1.5	0.4	−2.0	−2.6	−1.6	1.0
2000	0.0	4.8	−2.4	−0.7	1.4	−0.6	2.4	0.5	−1.9
2001	0.0	3.0	−2.8	−1.0	1.9	−0.8	0.3	−0.2	−0.5
2002	0.0	1.6	−2.9	−1.1	2.2	−0.9	−1.1	−1.2	−0.1
2003	0.1	0.7	−3.0	−1.5	2.5	−1.1	−2.2	−1.8	0.4
2004	0.5	1.1	−2.7	−1.8	3.1	−1.2	−1.1	−0.3	0.8
2005	0.9	3.2	−2.9	−2.1	3.5	−1.7	1.0	0.7	−0.3
2006	1.3	0.8	−2.8	−2.1	3.6	−1.5	−0.7	−0.6	0.1
2007	1.8	−2.2	−2.7	−2.1	3.8	−1.3	−2.6	−3.4	−0.8
2008	2.3	−1.2	−2.7	−1.8	4.3	−1.3	−0.6	−1.2	−0.6
2009	2.5	−1.3	−3.1	−1.9	4.4	−1.0	−0.5	−1.1	−0.6
2010	2.6	−1.3	−2.8	−2.1	5.0	−0.9	0.4	−0.8	−1.2
2011	2.8	−1.4	−3.3	−2.6	5.6	−1.1	−0.1	−0.1	0.0
2012	2.9	−1.1	−3.1	−2.5	5.0	−1.1	0.1	0.6	0.5
2013	3.1	2.4	−3.5	−3.1	5.0	−0.9	3.0	4.0	1.0
2014	3.2	2.1	−2.8	−2.3	5.6	−0.8	5.0	5.3	0.3
2015	3.2	2.5	−2.7	−2.2	4.8	−0.9	4.8	7.5	2.7

資料：内閣府「平成27年度国民経済計算年次推計（支出側系列等）（平成23年基準改定値）の参考資料の補足」

他」の数字に近くなるように、都合のいい項目を切り出して調整したものと思われる。何しろ、**2016年12月の改定から1年以上も経過している**のだから、後付けでいくらでも調整できてしまう。ではその表を見てみよう。**図6-11**だ。

この表にある項目の合計値と、「その他」の差額を示したのが、**図6-12**のグラフだ。[*4]

こんなにズレがある。特に2015年度なんか差が2・7兆円もある。だから私はこの表をあくまで「内訳表に近いもの」と呼んでいるのである。特に、2015年度のズレが大きくなっているのは非常に大事なポイントだから覚えておいていただきたい。

持ち家の帰属家賃

では個別の項目について、まずは「持ち家の帰属家賃」から見てみよう。持ち家の帰属家賃というのは、自分の所有する家について、発生したことにする家賃のことだ。この数値はGDPのおよそ1割を占めている。

GDPの国際比較をするためにこのような数字が必要になる。例えば、借家の比率が高い国は、その分家賃が発生するから、消費が多いことになる。他方、持ち家の比率が高い国は、現実の家賃だけを考えると、借家の比率が高い国に比べて、消費が少なくなる。こ

図6-12　「その他」との差額（「その他」要因－各項目の合計）

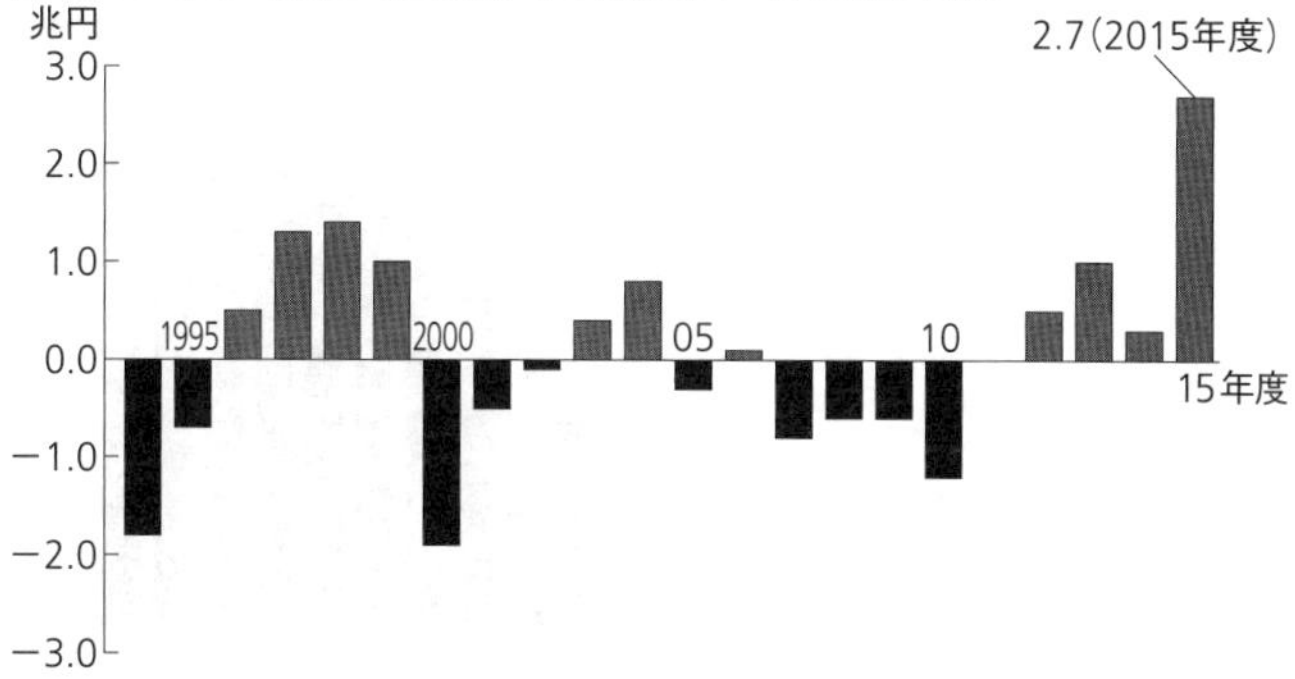

資料：内閣府「平成27年度国民経済計算年次推計（支出側系列等）（平成23年基準改定値）の参考資料の補足」

のような国による違いを補正するために、持ち家についても家賃が発生したことにしている。この実際には発生していない家賃がＧＤＰの約１割を占めている。持ち家の帰属家賃についての改定前後の差額を示したのが**図6－13**のグラフだ。

90年代が綺麗《きれい》にゼロになっており、２００３年度から増加している。内閣府によると、２００８年及び２０１３年「住宅・土地統計調査」を反映した結果こうなったそうである。確かに、当該データを見てみると持ち家が増えているので、一応この点については説明がつく。だが、これはしょせん実際には発生していない家賃であることに注意が必要である。なお、以前は

＊４　各セルの数字は小数点２位以下を四捨五入していると思われるため、合計値と微妙に一致しない場合があることに注意。

図6-13　持ち家の帰属家賃の差額

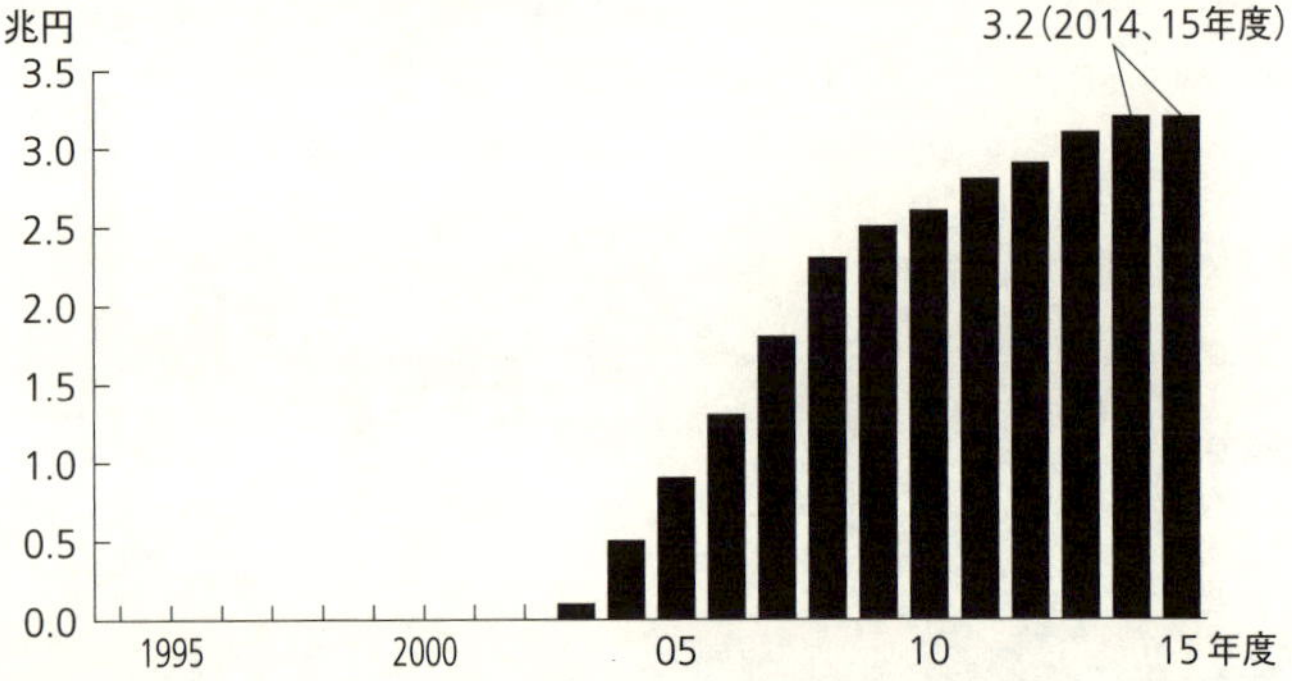

資料：内閣府「平成27年度国民経済計算年次推計（支出側系列等）（平成23年基準改定値）の参考資料の補足」

いったいどうやって推計していたのか疑問である。

なぜかマイナスが6年度連続する建設投資

次は建設投資だ。内閣府によると、建設部門の産出額の推計手法を、これまでのインプットベースによる推計手法から、「建設総合統計」等を用いた工事出来高ベースによる推計手法に変更したので、数値が変わったそうである。端的に言うと、建設に関する支出を、入り口じゃなくて出口で捕捉するようにしたということであろう。**図6－14**のグラフを見てみよう。

なぜか2007〜12年度が6年連続でマイナスになっている。過去22年度でマイナスになっているのは7回しかないが、そのうち6回が連続しているのである。しかも、**マイナスになっている期間には、民主党政権時代（2009年9月〜2012年12月）がすっぽり入る。**

図6-14　建設投資の差額

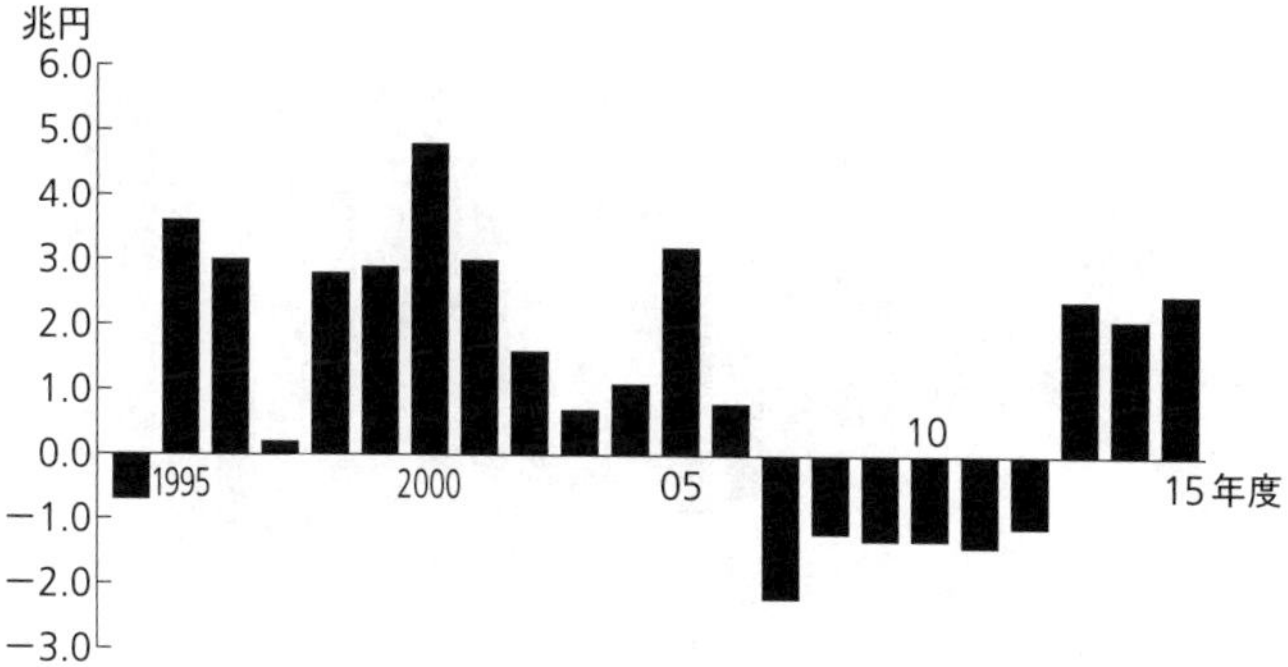

資料：内閣府「平成27年度国民経済計算年次推計（支出側系列等）（平成23年基準改定値）の参考資料の補足」

さらに、マイナスになっている2007~12年度までの平均値を出すとマイナス約1・4兆円。他方、アベノミクス以降の2013~15年度までの平均値はプラス約2・3兆円。つまり、2007~12年度とアベノミクス以降では平均して約3・7兆円もの差がついていることになる。そして、改定前に過去最高だった1997年度は0・2兆円しかプラスになっていない。その前後は約3兆円プラスになっているのだが。内閣府はこれを「たまたま」と言うのだろうか。

産業連関表の反映で商業マージンに大きな差

次は産業連関表の反映による影響を見てみよう。産業連関表というのは、産業ごとの生産・販売等の取引額を表にしたものだ。まずは自動車部門の改定から。

内閣府によると、自動車部門の商業マージン（儲け）

図6-15　自動車（総固定資本形成）の差額

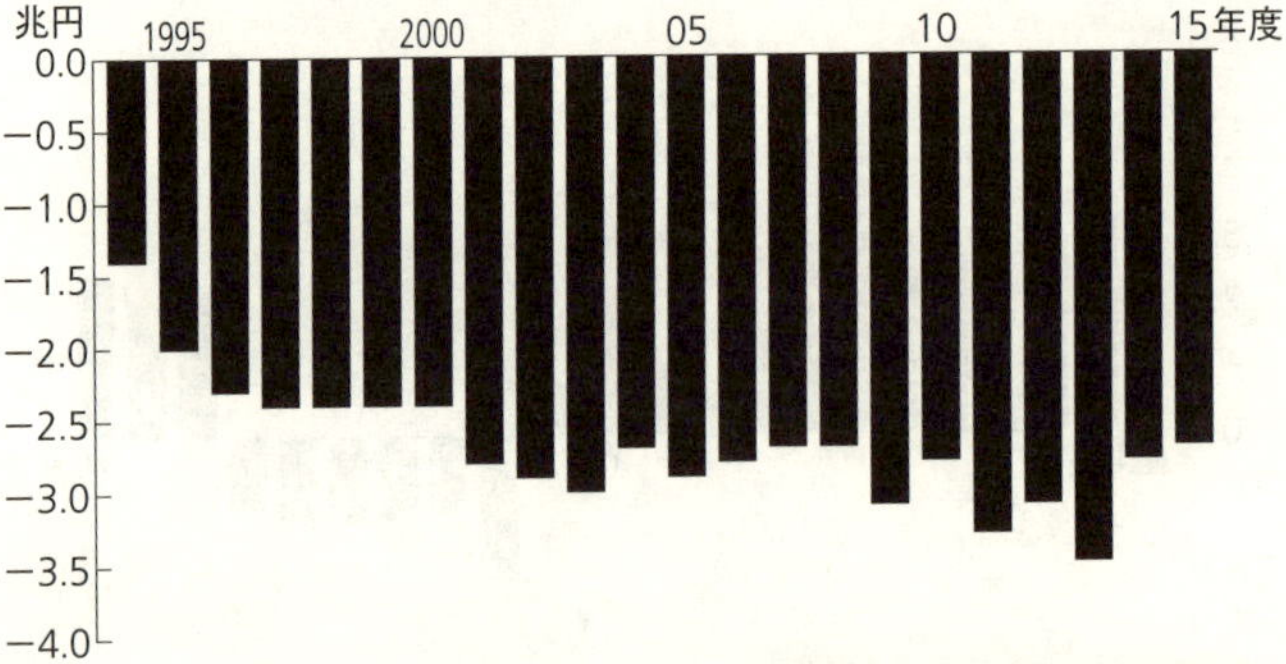

資料：内閣府「平成27年度国民経済計算年次推計（支出側系列等）
（平成23年基準改定値）の参考資料の補足」

の自動車部門への配分を変更したことによって、「総固定資本形成」と「家計最終消費支出」がマイナス改定になったそうである。マージンというのは「利益」とか「儲け」という意味。販売店が物を売った時に得る儲けと理解しておけばよい。なお、総固定資本というのは、簡単に言えば、国・地方公共団体・会社・家計等が購入した資産（建物、機械、車等）のことだ。総固定資本と家計最終消費支出に分けて見てみよう。**図6-15と図6-16**のグラフだ。

この点については特に不自然な点はない。むしろアベノミクス以降のマイナス幅が90年代に比べて大きい。こういう項目も入れて「怪しくありません」とアピールしているように見えるのは私だけだろうか。アベノ**ミクス以降の数字が90年代と比べてやや不利になっているのはこの項目のみ。**

図6-16　自動車（家計最終消費支出）の差額

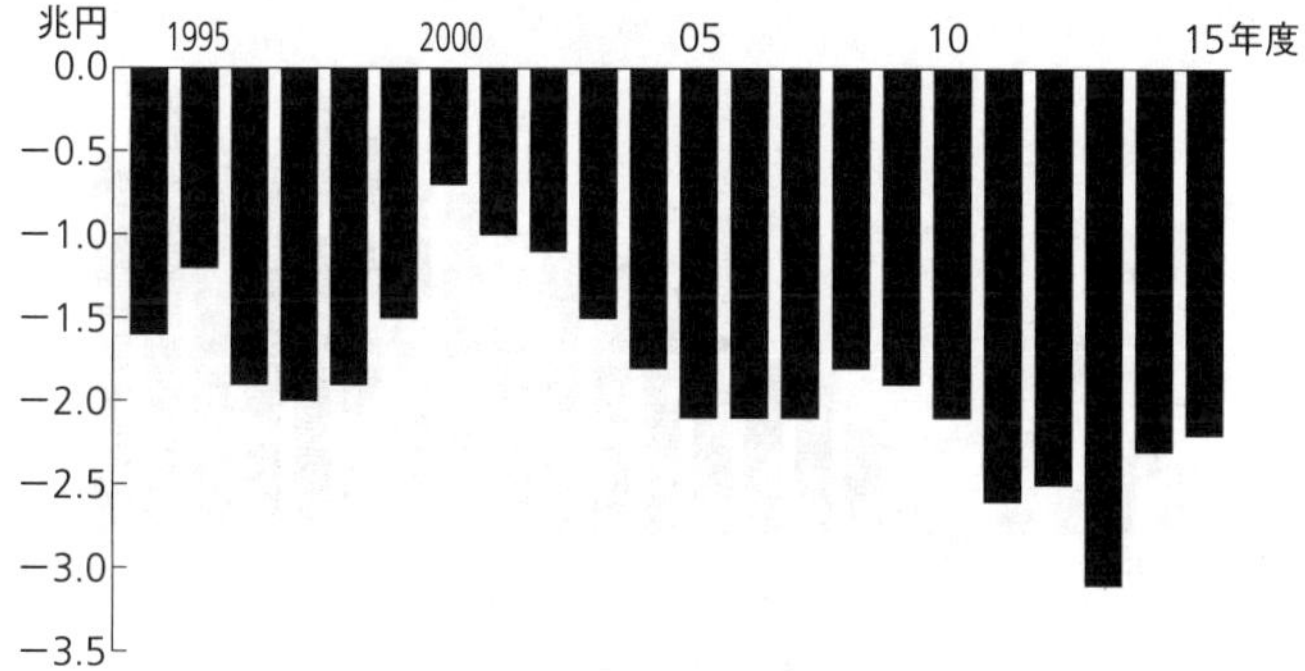

資料：内閣府「平成27年度国民経済計算年次推計（支出側系列等）（平成23年基準改定値）の参考資料の補足」

90年代が異常に低い「飲食サービス」

次は飲食サービスを見てみよう。内閣府は次のように説明している。

「平成23年産業連関表」では、従前の産業連関表では「飲食料品」など複数の部門に分かれて計上されていた持ち帰り・配達飲食を一括して記録する「飲食サービス」部門を新たに設定し、我が国で初めて実施された「平成24年経済センサス‐活動調査」等により当該部門の産出額を把握するとともに、「家計消費支出」と「家計外消費支出」の配分割合が変更された。また、当該変更を「平成12‐17‐23年接続産業連関表」においても反映し、過去に遡って推計した。あわせて「飲食料品」に配分される商業マージンとして記録されて

図6-17　飲食サービスの差額

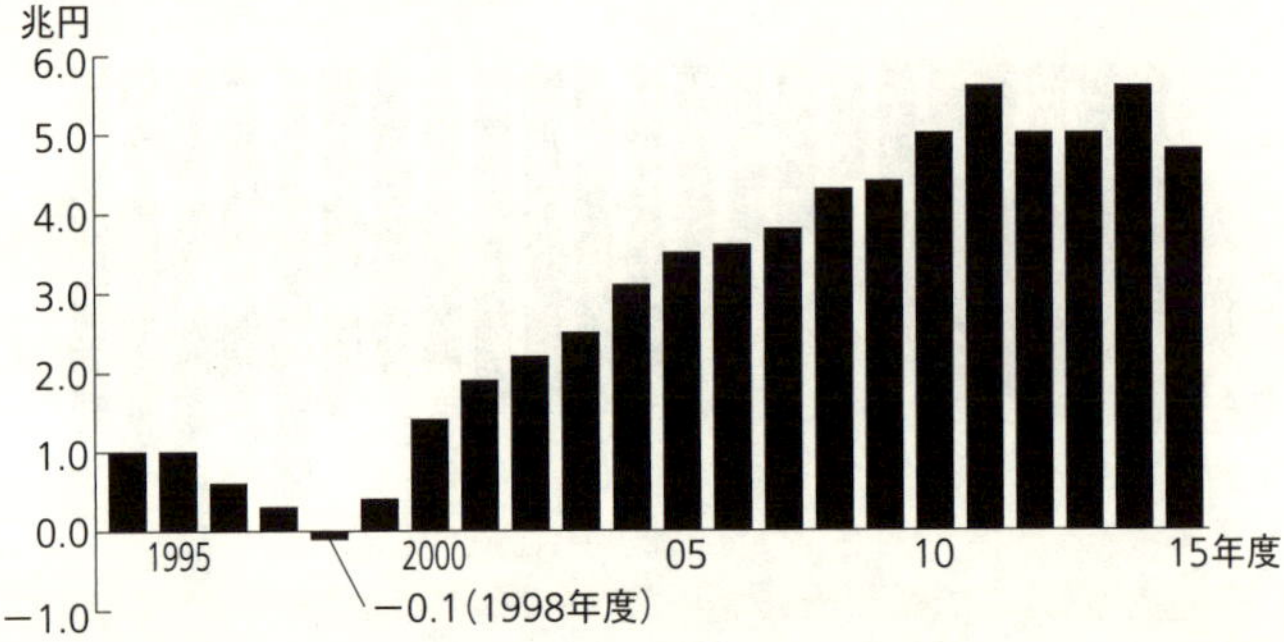

資料：内閣府「平成27年度国民経済計算年次推計（支出側系列等）（平成23年基準改定値）の参考資料の補足」

いた持ち帰り・配達飲食の手数料分（原材料以外の部分）について、「飲食サービス」の産出額として記録するよう変更した。

端的に言うと、持ち帰り飲食についてばらばらに記録されていたものを一つの項目にまとめた上で家計消費に対する配分を変え、さらに手数料も加えたということだろう。図6-17のグラフだ。

90年代が異常に低い。1998年度なんて唯一マイナスになっている。これほど低くなる理由について、内閣府は特に説明していない。

90年代のマイナスが大きすぎる商業マージン

次は商業マージンだ。内閣府によれば、「『平成7-12-17年接続産業連関表』の情報を用いて運賃・商業

図6-18　商業マージンの差額

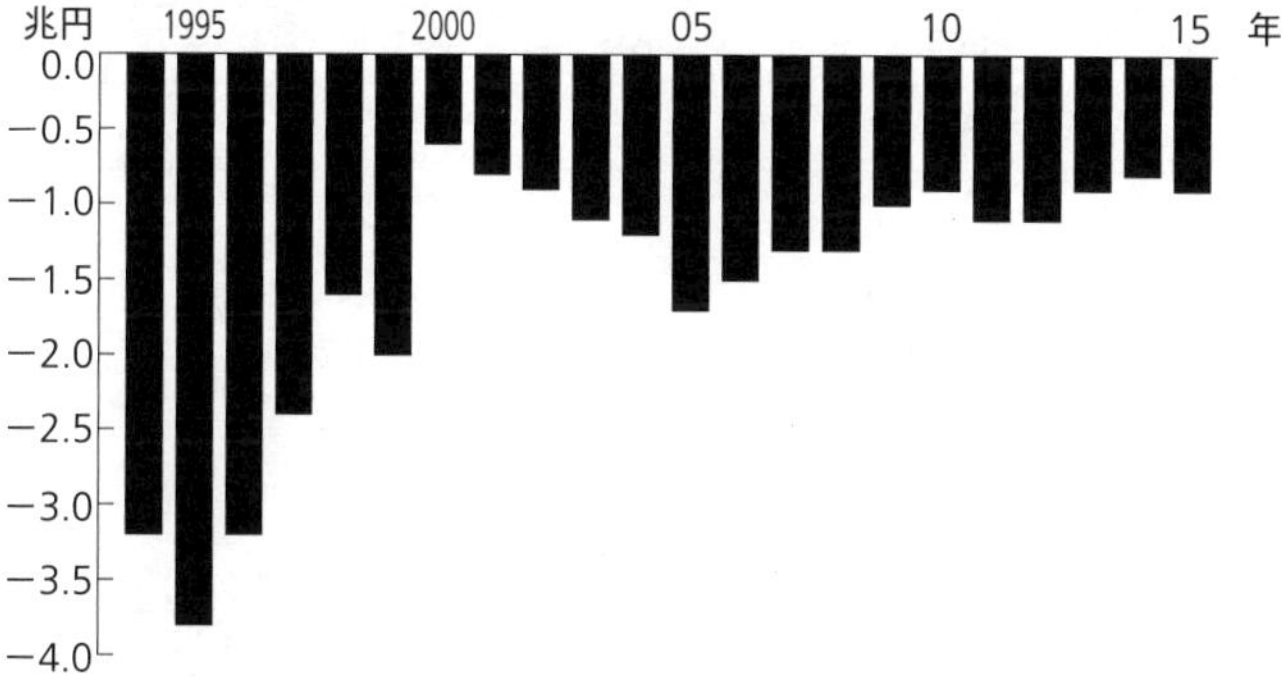

資料：内閣府「平成27年度国民経済計算年次推計（支出側系列等）（平成23年基準改定値）の参考資料の補足」

マージンを再推計したことから、主に平成11年以前の運賃・商業マージンが下方改定となっている」とのこと。**図6－18**のグラフを見てみよう。

90年代が下がりすぎている。他と比べると明らかにマイナス幅が大きい。こんなにマイナスが大きい理由について、内閣府は特に説明していない。

この結果は偶然なのか

ここで2015年度と、改定前の最高値を記録していた1997年度の改定による差額を比較した**図6－19**の表を見てみよう。

6つある項目のうち、4つで2015年度が上回っている。下回っている2つの項目についても、合わせて0・5兆円しか下回っていない。そして、合計で11・1兆円も差が付く。これは果たして偶然なのだろうか。

図6-19　1997年度と2015年度のかさ上げ額の差　(単位:兆円)

	項目	2015年度	1997年度	差額
1	持ち家の帰属家賃	3.2	0.0	3.2
2	建設投資	2.5	0.2	2.3
3	自動車(総固定資本形成)	−2.7	−2.4	−0.3
4	自動車(家計最終消費支出)	−2.2	−2.0	−0.2
5	飲食サービス	4.8	0.3	4.5
6	商業マージン	−0.9	−2.4	1.5
	合計	4.8	−6.3	11.1

資料:内閣府「平成27年度国民経済計算年次推計(支出側系列等)(平成23年基準改定値)の参考資料の補足」

家計消費の衝撃的かさ上げ

ここで注意しなければいけないのは、2015年度は、この1〜6以外にもかさ上げ要因があるということだ。内閣府はこう言っている。なお「QE」というのはGDP速報値のこと。

平成27年度については、「その他」要因の方が約2・7兆円大きいが、これは、詳細な基礎統計を反映してQEを年次推計へと改定したことにより、家計消費を中心に名目GDPが約0・5%上方改定となったことが、「その他」要因に含まれており、「1.」から「3.」の項目の改定要因には含まれていないためである。

速報値を推計し直したら家計消費を中心に数字が大

きく伸びたということだ。2015年度だけ「その他」の内訳（に近い）表（図6－11）の合計値と「その他」の差額が大きくなる（2・7兆円）というのはこれが原因。これが一番の問題点である。

家計の消費を図る指標としては、総務省が公表している「世帯消費動向指数」というものがある。なお、以前は「家計消費」と呼ばれるデータが使われていた（拙著『データが語る日本財政の未来』ではそちらの方を使用していた）。この点に関する総務省の説明は次のとおり。

> 消費動向指数は、家計調査の結果を補完し、消費全般の動向を捉える分析用のデータとして総務省統計局が開発中の参考指標です。**家計消費指数を吸収するとともに、単身世帯を含む当月の世帯の平均的な消費、家計最終消費支出の総額の動向を推計しています。**

「家計消費指数を吸収するとともに」とあるように、実際の数字を見てみると、世帯消費動向指数は、家計消費指数の2016年までの数字を単にそのまま流用している。家計消費指数を引き継いだのが世帯消費動向指数ということである。

ではその世帯消費動向指数（名目値）の推移を示した**図6－20**のグラフを見てみよう。「悲惨」。この一言に尽きる。アベノミクス以降の落ち方が凄まじい。2013年は増税前の駆け込み需要で伸びたものと思われるが、それ以降は坂道を転げ落ちるように指数が落ちている。

ここで気をつけなければいけないのは、この下落傾向には、世帯数の増加も影響しているということだ。単身世帯の増加の影響で、世帯数は増加傾向にある。それで平均値が下がるので、それを考慮しなければならない。厚労省が公表している世帯数の推移は**図6－21**のグラフのとおりである。

急減している年があるのは東日本大震災や熊本地震の影響。2011年は福島、宮城、岩手、2012年は福島、2016年は熊本の世帯数が含まれていない。そこで、2011年、2012年、2016年について、各県のホームページを見てみると、世帯数が載っている。これを加えて補正したのが**図6－22**のグラフだ。

さて、この世帯数に、先ほど見た世帯消費動向指数をかければ、GDPの家計最終消費支出の推移に近いグラフになると私は考えた。家計最終消費支出は各世帯の消費の合計だからである。

図6-20　名目世帯消費動向指数（総世帯）の推移

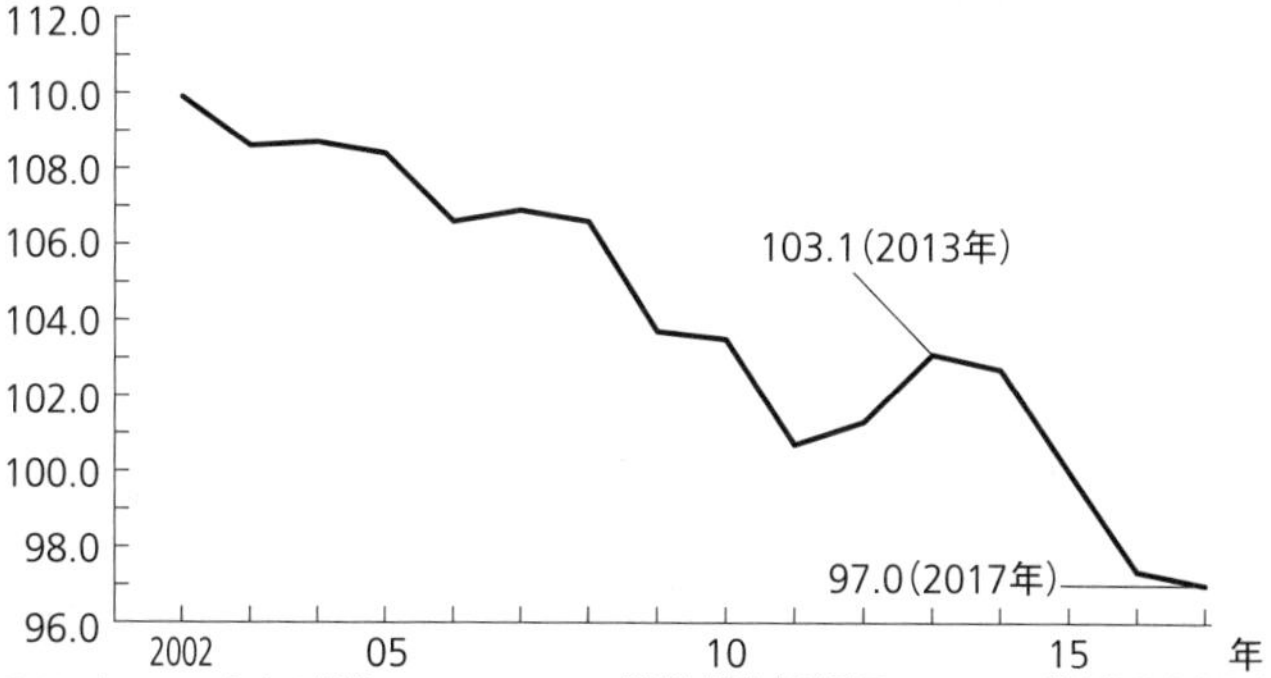

2015年＝100とする指数。

資料：総務省統計局ホームページ「消費動向指数」

図6-21　世帯数の推移

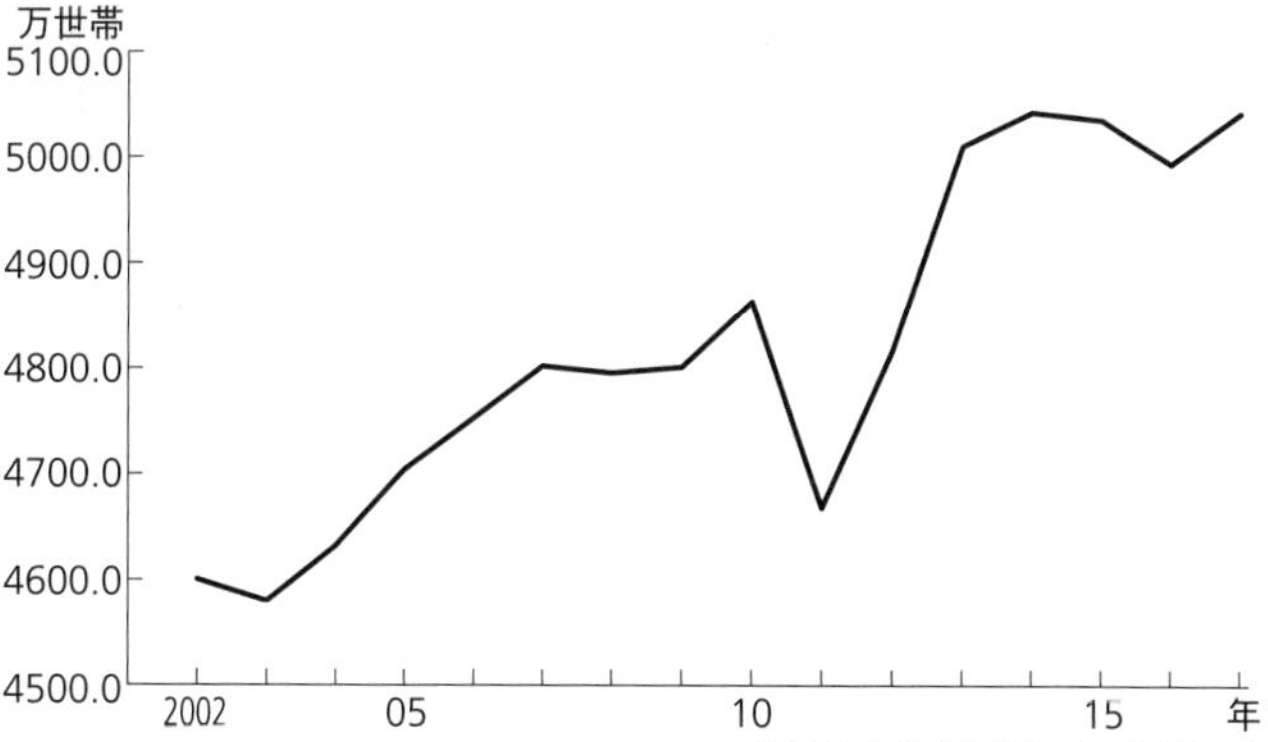

資料：厚生労働省「国民生活基礎調査」

図6-22　世帯数（補正値）の推移

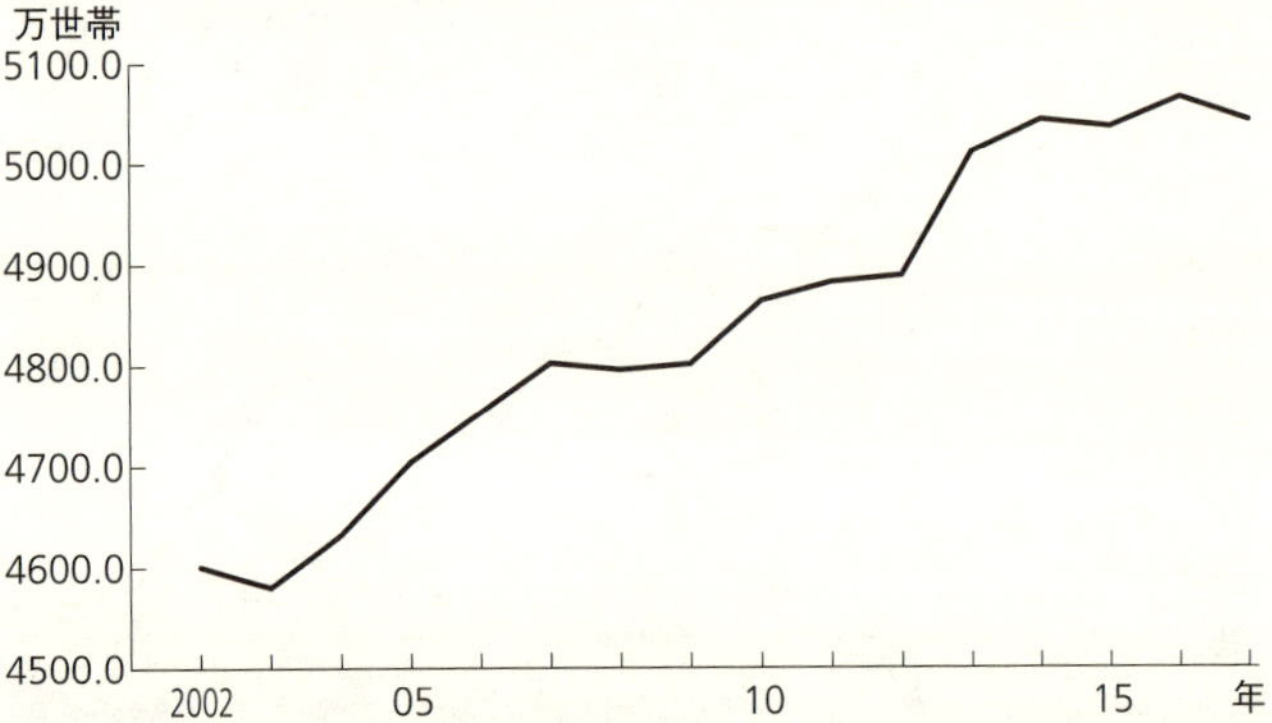

資料：厚生労働省「国民生活基礎調査」、福島県・宮城県・岩手県・熊本県の各ホームページ

そこで、この総世帯数×名目世帯消費動向指数と、改定後のGDPにおける家計最終消費支出を比較してみた。図6－23のグラフだ。わかりやすいように、2002年を100とした指数にしてある。なお、家計消費指数は暦年データしかないので、暦年で比較する。

2014年まではほとんど同じ傾向を示しているのに、2015年からの乖離が凄まじい。「世帯数×世帯消費動向指数」は大きく下がっているのに、改定後の家計最終消費支出はむしろ少し上がっている。そして、2016年はグラフの動く方向は一致しているが、乖離幅はもっと大きくなっている。2017年はまた動きが逆になり、信じられないくらいに乖離が広がっている。まるで「ワニの口」のようである。

この点について、国民民主党の階猛《しなたけし》衆議院議員が、2019年3月1日の衆議院予算委員会にて、茂木敏

図6-23 「補正世帯数×消費動向指数」と
平成23年基準による家計最終消費支出との比較

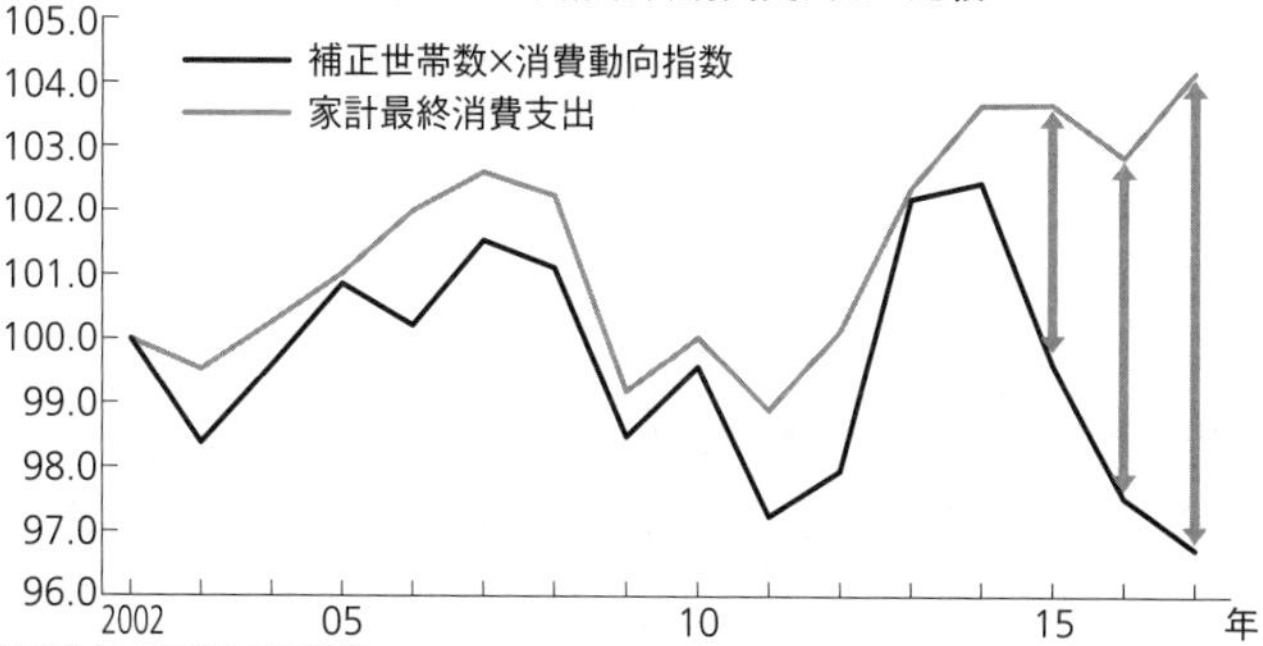

2002年＝100とする指数。

出典：内閣府ホームページ「国民経済計算」、総務省統計局「消費動向指数」、厚生労働省「国民生活基礎調査」、福島県・宮城県・岩手県・熊本県の各ホームページ

充経済再生担当大臣に対し質問しているので、引用する。

階委員　（中略）もう一つファクトを挙げたいんですが、五ページ目をごらんになってください。

これは、さきの中央公聴会で公述人の明石さんが指摘されていたことなんですが、その明石さんの本の中から引用したグラフ、これを、若干最新の数字も私どもの事務所で盛り込んだものです。

これで見ていただくと、この一番上のグラフ、赤いグラフがＧＤＰ改定前、平成十七年基準によるＧＤＰにおける家計最終消費支出です。明石さんが算出した、世帯数と総務省の家計調査などから出される名目家計消費指数、この掛け算で出てきたグラフ、これが黒のグラフです。**ほぼパラレルに動いているわけです。**ただし、これは一五年までしかない。

一方で、GDPの改定で二十三年基準に変わって、一五年のところから大きく数字が変わりました。真ん中のグラフですけれども、**ごらんのとおり、一五年あたりから、一五、一六、一七と、今までパラレルに動いていたグラフがなぜか急激に乖離するようになったわけです。そして、この乖離の幅が年々拡大している。**乖離の幅について見たのが一番下のグラフです。

黒いグラフが平成十七年基準のときの乖離幅です。プラス一からマイナス一・八ぐらい。狭いレンジで、プラスになるところもあればマイナスになるときもある、こういう動きでした。**ところが、GDPを改定したら、プラスの乖離がどんどん広がっているわけです。**

これを明石さんは、おかしいんじゃないか、アベノミクス偽装ではないかと。この結果だけ見てですよ。本当に偽装があったのかどうか、私もその証拠までは突きとめていません。ただ、結果だけ見ると、明らかにそれまでと違う動きになっている。この動きを合理的に説明できますか。説明していただかなくては、これは偽装だというふうに、みんな印象を持つと思いますよ。しっかり説明してください。

茂木国務大臣　平成十七年の基準、それから平成二十三年の基準、この基準において推計方法、これは全く変わっておりません、結論から申し上げると。

それで、委員御指摘の、GDPの年次推計で、**家計最終消費支出の推計において、お示しいただいております家計消費指数や、そのもとデータであります家計調査そして家計消費状況調査は使用しておらず、商業統計や工業統計といった、カバレッジが広く全数調査に近い企業側統計を利用して推計している、この方法は変わっておりません。**

このため、GDPの家計最終消費支出と、お示しいただいた家計消費指数の動きを比較することは、明石さんはやられているのかもしれませんが、一般的ではないと思います。

そして、更に申し上げると、家計最終消費支出、これがほかの統計と何か乖離しているような御質問にも聞けるんですが、ほかの消費関連統計、経産省の小売販売額や日本銀行の消費活動指数、この動きを見てみましても、御指摘の二〇一五年以降についても、内閣府のGDPの家計最終消費支出と同様の動きをしている。つまり、明石さんのこれとは違う動きをしているということであります。

階委員　**従来と変わっていないのに、なぜこんな急激に開いてくるのかということを聞いているわけですよ。**だから、これを合理的に説明していただいていないんですよ。（茂木国務大臣「したよ」と呼ぶ）いやいや。だから、今まではなぜパラレルに動いていて、それがなぜ急に開いたのか、この数字で見るとですよ。

明石さんの出しているのがそもそも間違っているかのようなお話をされましたけれども……（茂木国務大臣「言っていない」と呼ぶ）いや、明石さんの数字も家計調査の数字をもとにしています。**そして、需要側から見た数字です。**

私は、この出し方については合理性があると思っていますし、乖離が出てきて、なぜそれまではパラレルに動いていたのが急に乖離が出てきたのかというのが合理的な説明がついていないと思っております。

この点について政府統一見解をぜひ出していただきたい。これをお願いします。最後にお願いします。

念のため指摘しておくと、階議員が言っている「家計消費指数」というのは、先ほど説明したとおり2016年までは世帯消費動向指数と全く同じであり、現在は世帯消費動向指数に吸収されている。

茂木大臣は、階議員が「乖離が大きくなっている理由を説明せよ」と言っているのに、それに答えず、明らかに話を逸《そ》らしている。実は、この話はここで初めて政府側に問い質したわけではなく、2019年2月27日の衆議院予算委員会第7分科会でも階議員は内閣府担当者に説明を求めている。

この分科会後、内閣府担当者が階議員に対し説明にきたそうだが、「名目消費動向指数の基礎データには家計調査と家計消費状況調査があるが、後者につき2015年から算出方法を変えたことが影響したと思われる」などと言ったそうである。だが、この内閣府担当者の回答は、先ほど見た茂木大臣の回答に反映されていない。分科会が行われたのが2月27日で、先ほどの予算委員会が3月1日だから、回答を練るのに十分な時間はあったと言える。しかし、結局話を逸らして終わっているのである。疑惑は全く解明されていない。

なお、茂木大臣は、「家計最終消費支出の推計において、お示しいただいております家計消費指数や、そのもとデータでありますす家計調査そして家計消費状況調査は使用しておらず」と答弁しているが、本当だろうか。総務省統計局家計調査に関するQ&Aにはこんなことが書かれている。

H－2　家計調査の結果は国民経済計算の四半期別GDP速報（QE）の民間最終消費支出とどのように違うのですか？

マクロ統計である国民経済計算は、国際連合が提唱する体系（SNA: System of National Accounts）にのっとったものであり、その中のGDPの構成要素の一つである民間最終消費支出は、家計調査の消費支出とは概念や範囲がやや異なります。主な概念や範囲の違いは次のとおりです。

（1）家計調査では、消費支出を1世帯当たりでとらえていますが、国民経済計算では、我が国全体の消費支出の総額を推計しています。したがって、国民経済計算では世帯数の変化も結果に影響します。

（2）家計調査では、実際に支払った借家・借間の家賃等のみが計上されますが、国民経済計算では、持家についても持ち主が借家と同様のサービスを受けたものとみなしてその対価（帰属家賃）を金額として推計し、民間最終消費支出に含めています。

また、**国民経済計算の民間最終消費支出の四半期別ＧＤＰ速報（ＱＥ）においては、家計調査などの結果が用いられていますが、**次のような処理が行われています。

（３）家計調査の結果では、贈与金、仕送り金等の移転支出を消費支出に含めていますが、国民経済計算の四半期別ＧＤＰ速報（ＱＥ）の推計ではこれらを除外しています。

（４）家計調査の結果では、リフォームなど住宅の設備修繕の支出は消費支出に直接計上されますが、国民経済計算では住宅の設備修繕の支出は概念上帰属家賃に含まれていることから、家計調査の住居の設備修繕費は除外して推計されます。

さらに、平成14年8月から、**四半期別ＧＤＰ速報（ＱＥ）の民間最終消費支出の推計方法が変更され、主として家計調査や家計消費状況調査などから推計した需要側推計値と、供給（販売）側推計値を加重平均し、民間最終消費支出を推計しています。**

こうした概念や範囲の違い、あるいは推計方法の違いがありますので、家計消費をみる上ではそれぞれの統計の特徴を考慮して利用する必要があります。

ここで出てくる「民間最終消費支出」の98％を占めるのが家計最終消費支出である。これを読む限り、**少なくとも四半期別ＧＤＰ速報値には家計調査が使用されている。**ＧＤＰ

年次推計を出す際には、他の基礎資料も加えて修正されていくが、全くのゼロから修正するわけではないだろう。速報値をベースにして修正を加えていくはずである。そうしないと速報値と大きくずれてしまうからだ。したがって、「家計最終消費支出の算定において、家計調査の結果は使用されていない」旨の茂木大臣の答弁はウソではないか。

茂木大臣は「商業統計や工業統計といった、カバレッジが広く全数調査に近い企業側統計を利用して推計している」と答弁しているが、「企業側統計」と言っているとおり、**これは供給側（売る側）の統計である。**総務省の説明では、少なくとも四半期別速報値について、**この供給側（売る側）の数値と需要側（買う側）の数値である家計調査の結果を加重平均して推計している**のである。買う側の数値なくして家計最終消費支出の算出など不可能。だいたい、**今まで推計に用いていなかったのならここまで傾向が一致するはずがない。**

おそらく2015年以降、供給側（売る側）のウェイトを大きくしたのではないか。だからこんなに違いが出ているのであろう。これは後でさらに詳しく述べることにする。

持ち家の帰属家賃を除くとどうなるか

ところで、先述の総務省の説明からわかるとおり、家計消費指数を引き継いだ世帯消費

図6-24　「補正世帯数×世帯消費動向指数」と家計最終消費支出（持ち家帰属家賃除く）の推移

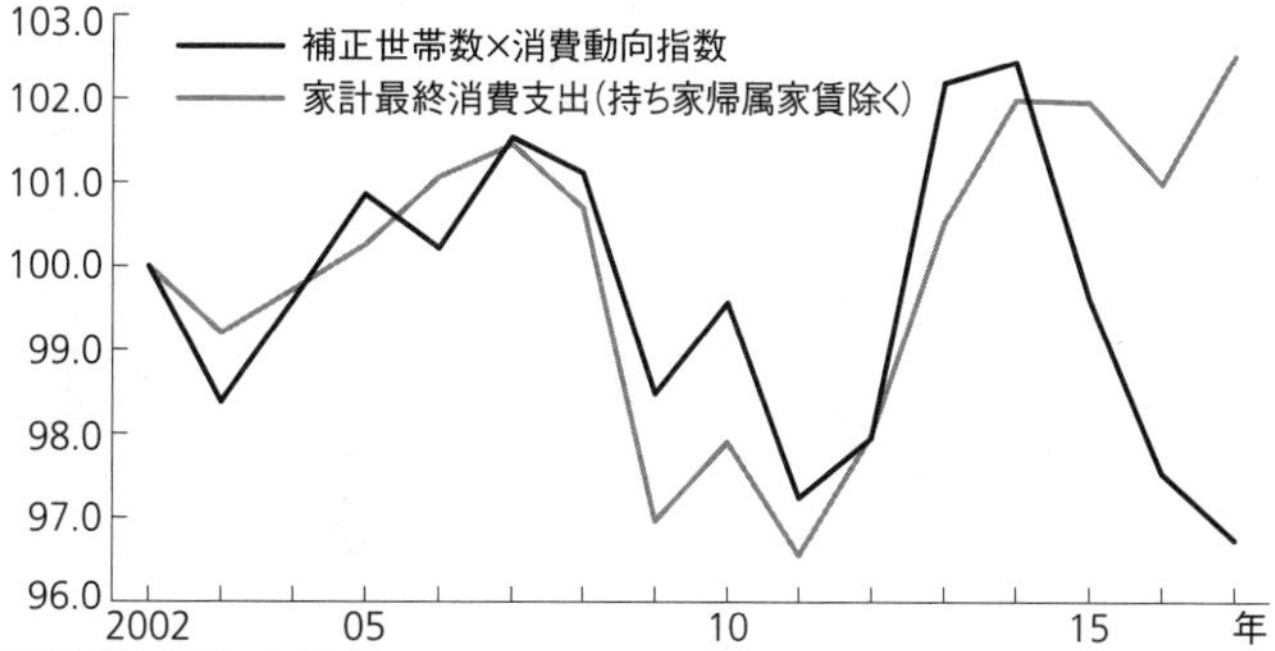

2002年＝100とする指数。

出典：内閣府ホームページ「国民経済計算」、総務省統計局「消費動向指数」、厚生労働省「国民生活基礎調査」、福島県・宮城県・岩手県・熊本県の各ホームページ

動向指数には、持ち家の帰属家賃が含まれていない。したがって、比較をするには持ち家の帰属家賃を除いた家計最終消費支出を用いるのがより適切と言える。そこで、持ち家の帰属家賃を除いた数字と比較したのが**図6-24**のグラフである。

持ち家の帰属家賃によるかさ上げ分が除かれたので、２０１４年までは２つの線がさっきのグラフより近づいているのがよくわかるだろう。ほとんど同じ。つまり、需要側の数値と一致する正しい推計が行われていたということである。

ところが、２０１５年以降はやはり「ワニの口」になっている。特に２０１７年が凄まじい。差額を抜き出してみるとよりわかりやすい。**図6-25**のグラフだ。

２０１５年以降、露骨にうなぎのぼりになってい

図6-25　「補正世帯数×世帯消費動向指数」と
家計最終消費支出（持ち家帰属家賃除く）の差額

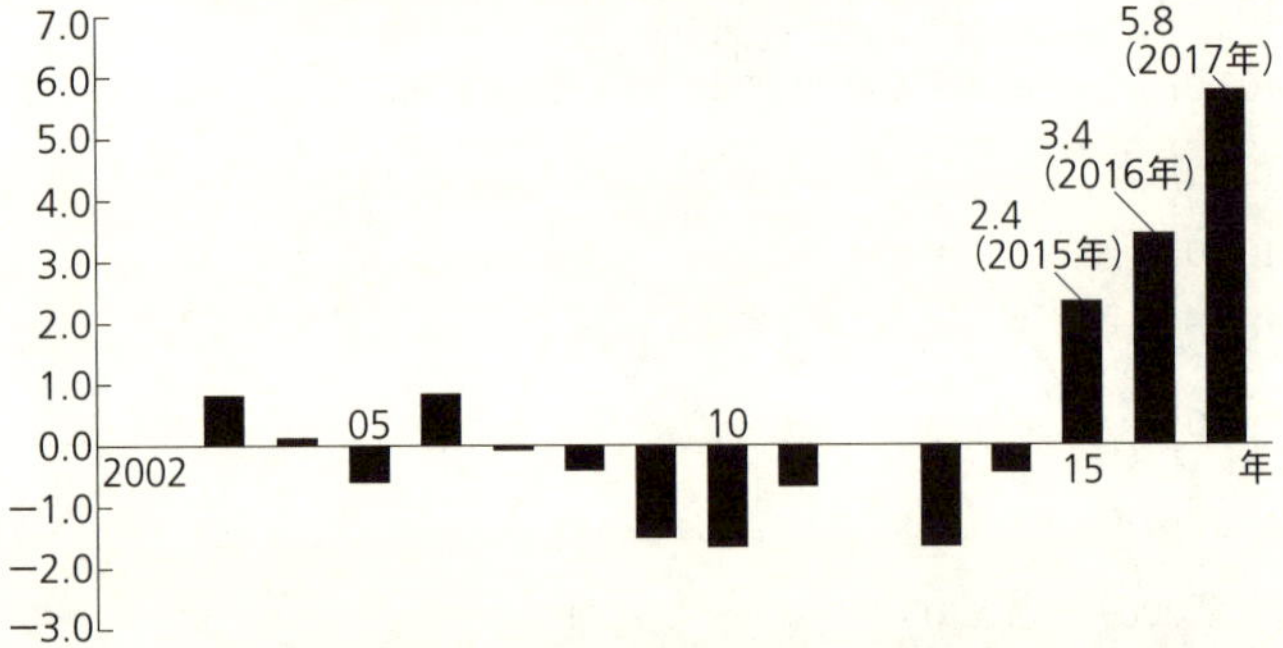

出典：内閣府ホームページ「国民経済計算」、総務省統計局「消費動向指数」、
厚生労働省「国民生活基礎調査」、福島県・宮城県・岩手県・熊本県の各ホームページ

る。なんでこんなことになったのか。毎月勤労統計にも影響を与えた２０１５年10月16日の経済財政諮問会議における麻生財務大臣の指摘が発端ではないかと私は考えている。麻生財務大臣がこの会議に提出した資料に**図６－26**の表がある。

　供給側統計である小売業販売と需要側統計である家計調査の乖離幅が拡大しているという文句が付けられている。だから供給側のウェイトを大きくし、供給側数値に近づくようにしたのではないかと思われる。

　なお、この資料の上の方にははっきりと「ＧＤＰの６割を占める民間最終消費支出の動向を決定」と書いてある。

　この記載からも、家計調査がＧＤＰ算定の基礎資料となっていることがわかる。茂木大臣の答弁と矛

盾しているのは明らかだ。だいたい、一番目立つGDPに影響しないならケチをつける必要性はない。

この資料でも指摘されているが、**小売業販売には事業所消費が含まれている。つまり、供給側統計を重視しすぎると、家計以外の企業の消費も反映されたものになってしまう。**また、企業だけではなく、訪日外国人の消費も含まれる。だから需要側である家計調査と突き合わせてズレが生じないようにする必要がある。2014年まで世帯消費動向指数×世帯数と、家計最終消費支出の傾向が一致していたのは偶然ではないのである。正

図6-26　家計調査に対する麻生財務大臣の指摘

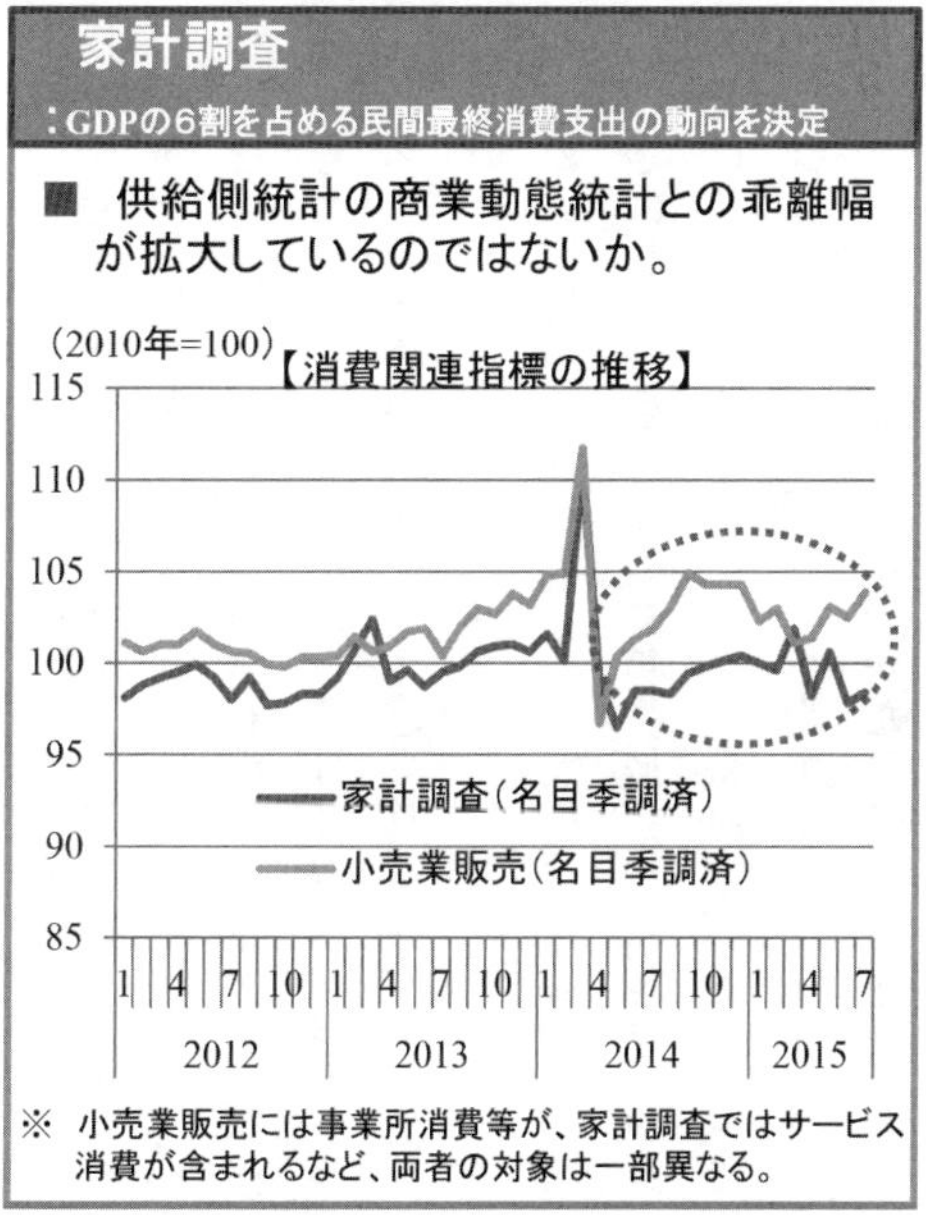

出典：「企業収益等の動向／基礎統計の更なる充実について」平成27年10月16日麻生議員提出資料

しい推計だったからこそ傾向が一致していたのだ。

賃金と消費。国民に最もかかわりの深いこの2つの数字に関する統計が、２０１５年10月16日の経済財政諮問会議における麻生大臣発言をきっかけに、「かさ上げ」されていったと思われる。**そして、かさ上げされてもなおショボいというのがミソ。**実質賃金はアベノミクス開始前の水準にすら遠く及ばないし、実質消費は戦後最悪の消費低迷を引き起こしている。

なお、世帯消費動向指数とは別に、「総消費動向指数」というものがある。しかし、何のことはない。少なくとも年数値については、単にGDPの家計最終消費支出を指数化しただけ。あの物凄く怪しい家計最終消費支出と全く同じということである。

先ほど見たとおり個別の世帯の消費は悲劇的なことになっている。そこで「総額で見ると伸びている」と言いたいがために作ったのだろう。**実質賃金低下を突っ込まれると安倍総理が「総雇用者所得」を持ち出して言い訳するのと構造が似ている。**というか、この「総消費動向指数」は安倍総理の言い訳用に作られたのかもしれない。だが、すでに指摘したとおり、物価の影響を除いた実質で見ると非常に悲惨なので、言い訳にも使用できない代物になっている。

家計調査も実は水増し

ところで、家計調査もまた水増しされている。階議員のブログで非常にわかりやすくまとめられているので引用する。

今国会では、毎月勤労統計について、昨年1月から賃金の高い大企業の割合をこっそり3倍にし、賃金が大幅に伸びたように偽った違法行為をはじめ、安倍政権に都合のよい数字が出るような方向で、次々と政府の統計が変えられてきたことが明らかになっています。

総務省が毎月公表している「家計調査」もその一つです。これは世帯ごとの収入や支出がどうなっているかを把握するための統計です。家計調査は、全国から無作為で抽出された約8000世帯が総務省指定の「家計簿」を記入し、そのデータをもとに作られています。

その「家計簿」の様式が昨年1月から大幅に変わり、**①収入の記入が世帯員ごととなり、②口座入金による収入を記入するページを新たに設け、③ポイントを利用して商品を安く購入した場合、支出欄には実際に支払った金額ではなくポイント利用分を合**

図6-27　世帯消費動向指数の推移

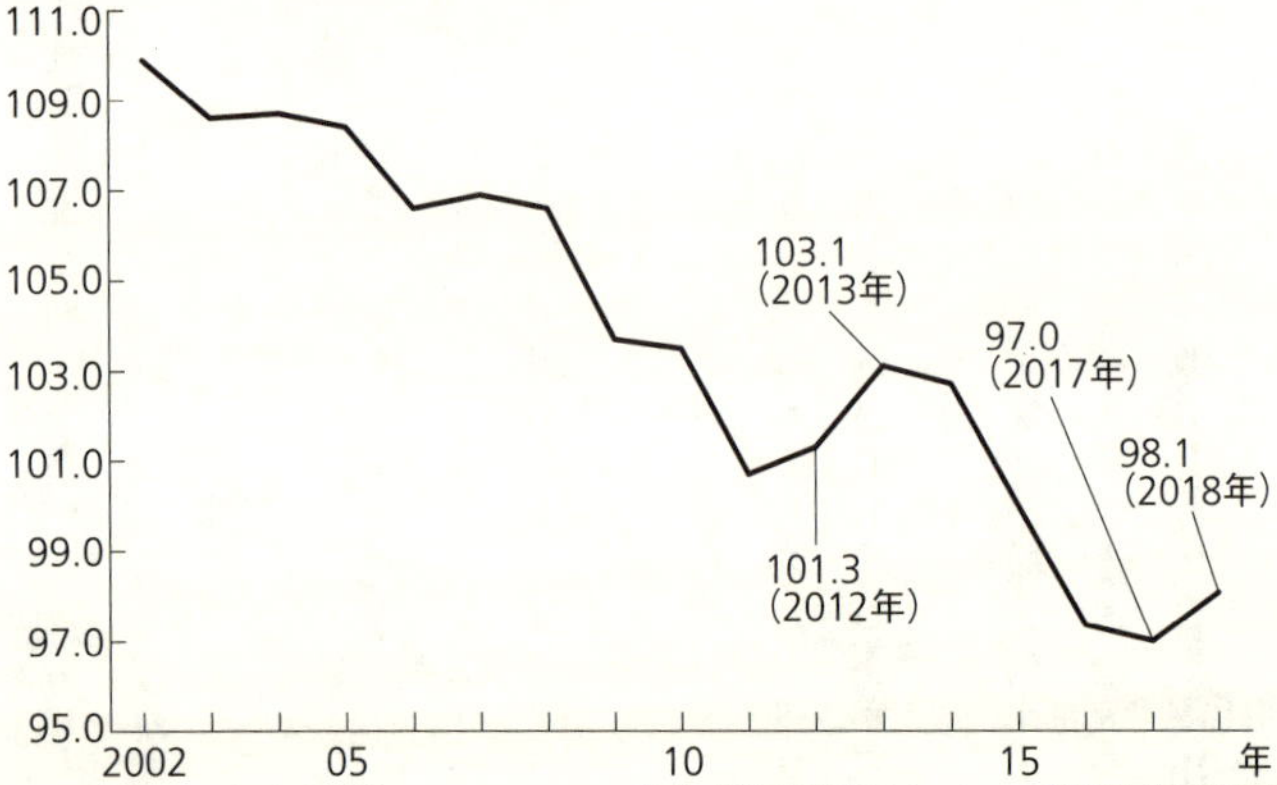

2015年＝100とする指数。　出典：総務省統計局ホームページ「消費動向指数」

わせた金額を記入すると共に、収入欄には利用ポイント額を記入するよう、記入要領に明記されました。

私は、この変更によって従来よりも家計調査の収入や支出がいくら増えるのか、18日と21日の予算委員会で政府に尋ねました。すると、家計調査の実収入（二人以上の世帯のうち勤労者世帯）は年間で約51万円（+8・0%）、消費支出（二人以上の世帯）は年間で約4・6万円（+1・4%）も増えることを認めました。実態は何も変わっていないのに、「家計簿」の様式や記入方法を変えるだけで家計調査の数字がこれだけ変わるのです。

この水増しは世帯消費動向指数にも表れている。

図6-28　食料価格指数とエンゲル係数の推移

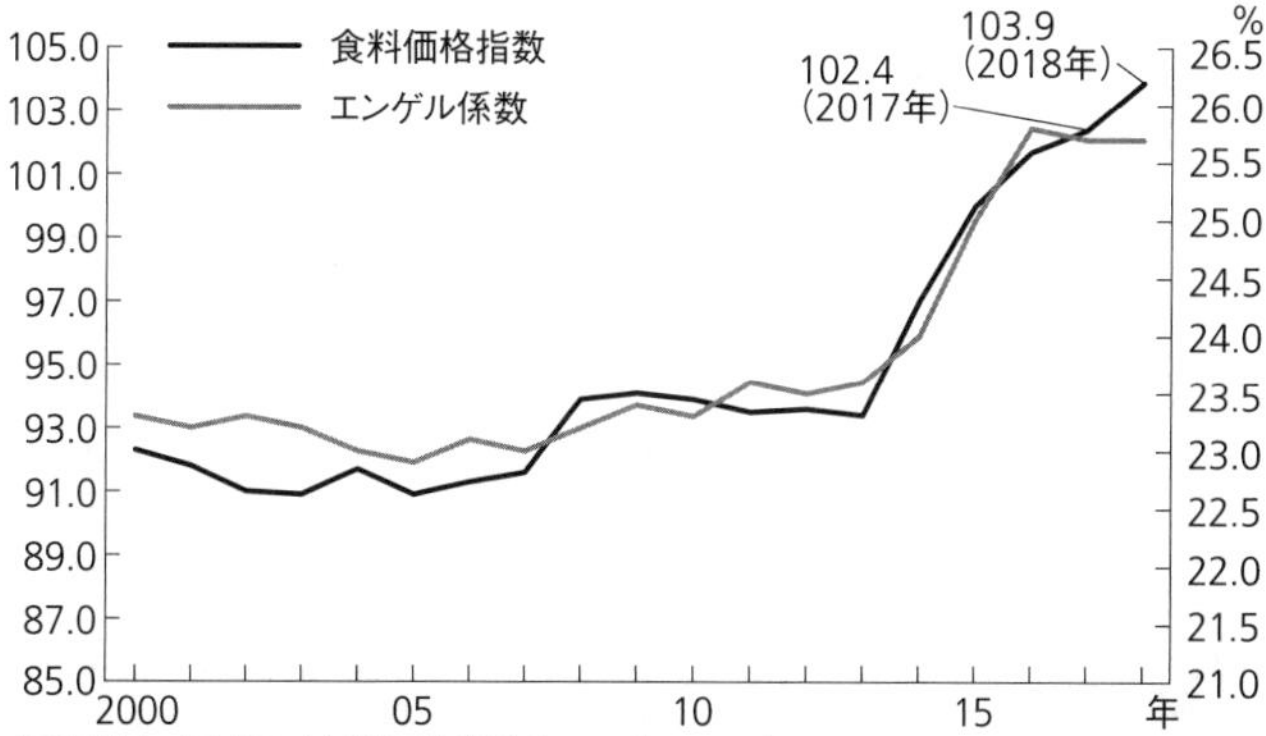

左側縦軸の目盛りが食料価格指数(2015年＝100)、
右側縦軸の目盛りがエンゲル係数を表す。

出典:総務省統計局
ホームページ「家計調査」「消費者物価指数」

先ほどのグラフは２０１７年までだったが、これを２０１８年まで伸ばしてみよう。図6-27のグラフだ。

落ちる一方であった指数が、２０１８年になって急に１・１ポイントも上昇している。これを上回る上昇率を記録したのは、過去17年間のうち、増税前の駆け込み需要があった２０１３年のみ。明らかにおかしいだろう。

これはエンゲル係数の上昇を抑える効果も生んでいる。再度説明すると、エンゲル係数とは、家計の総消費支出に占める食費の割合のこと。つまり、食費÷総消費支出なので、食費以上に総消費支出が伸びればエンゲル係数は下がる。図6-28のグラフを見てほしい。

２０１８年は食料価格が１・５ポイントも上がっ

ているが、エンゲル係数が横ばいで済んだのは、先ほど述べた消費支出のかさ上げがあったからであろう。

修正エンゲル係数を新開発

ついでに指摘すると、このエンゲル係数についても「修正エンゲル係数」なる怪しい数字が開発され、「修正エンゲル係数で見ると上がってない！」という主張が展開されるという珍事があった。開発者は総務省統計局統計調査部消費統計課長（当時）の阿向泰二郎《あこうたいじろう》氏。阿向氏の説はネット上で確認できる。

阿向氏が開発した「修正エンゲル係数」とは、「物価変動の影響を除去した実質食料支出の実質可処分所得に占める割合」のこと。要するに、実質食費÷実質可処分所得で算出する。

分母が消費支出ではなくなっている時点でもうそれはエンゲル係数とは言わない。エンゲル係数の生みの親エルンスト・エンゲルさんに謝れと言いたくなるようなでたらめな数値である。だいたい、分子を「実質」食費にするのもおかしい。繰り返すが、増税と円安で食料価格がめちゃくちゃに上がった一方、給料が増えなかったのでエンゲル係数が急上昇してしまったのだ。食費を物価変動を除いた実質値で見てしまえば、**一番大事な「食料価格の急上昇」という要素が取り除かれてしまう。**官僚がアベノミクス擁護のために一生懸命こんな数字を開発しているのである。

これは氷山の一角である

いろいろ書いてきたが、実はこんなものは氷山の一角なのである。2019年2月18日の衆議院予算委員会において、立憲民主党・無所属フォーラムの小川淳也議員が驚愕《きょうがく》の指摘をしているので引用する。

勤労統計も、幾つもげたを履かせて随分と高くなった、五年分の高さを一年でやり遂げたということを申し上げました。GDPも、国際基準というげたを履き、そしてその他要因でげたを履き、私は、もう一つ、ひそかにげたを履かせた可能性がある要因について、きょう指摘したいと思います。

実は、総理も御存じだと思うんですが、GDPはいわゆる二次統計と言われておりまして、さまざまな基幹統計で出てきた数値の合成です。したがって、各統計でいい数字が出れば、ＧＤＰはよく出るという構造になっています。

今、ここにたくさん文字があってわかりにくいので恐縮なんですが、あえて並べました。第二次安倍政権になって、この基幹統計、しかも、ＧＤＰの計算にかかわる基幹統計を幾つ見直したかというデータです。事実です。

ざっと数を申し上げます。第二次安倍政権になって、全部で五十三件の統計手法を見直しています。そのうち三十八件がＧＤＰに影響します。さらに、そのうちの十件、**この赤囲みの部分なんですが、これは、統計委員会への申請もないのに、かつても申し上げました、統計法は申請主義の原則なんですね、統計委員会への申請もないにもかかわらず、トップダウンで、未諮問審査事項だといってやらせた見直しです。**

ちなみに、申し上げます。**民主党政権の三年間、統計を見直した件数は十六件しかありません。ＧＤＰに関連したものは、そのうち九件です。**

いかに、五十三件を見直し、ＧＤＰに関連したものが三十八件と多く、そして、**そのうちの十件は、諮問もしていないのに、やれと統計委員会から言われたものだと。**異常な形でこの一次統計を見直した事実については、ぜひとめていただきたいと思います。

その上で、指摘します。

茂木大臣、これは、幾ら担当大臣とはいえ、ここまで細かいことを全て御存じでないでしょうから、まずは聞いていただければ結構です。

きょう午前中、階さんが家計調査について指摘しましたね。これは大事な指摘なんですよ。カードや電子マネー、商品券による購入の記入欄をふやしたわけですね。**それによって六％家計消費がふえたという試算が提示されました。**この点は実は統計委員会も指摘をしていまして、回答に変化がある可能性がある、影響が出る可能性があるよということを統計委員会が指摘しています。これは家計調査です。

二番目、個人企業調査。これは今まで、製造、卸と小売、そして宿泊・飲食、サービス、四業種しか対象にしていなかったんです。**ところが、これを全産業に拡大しました。**何が起きるか。飲食サービスは賃金水準が極めて低いですから、全産業に拡大したことによって、恐らく、相当、統計上出る賃金水準は上がるでしょう。**私の試算では、二十万円台後半から三十万円台前半に上がると思います。**さらに、この個人企業統計でも、**全部入れかえをやめ、勤労統計と同じですね、一部入れかえ制に移行しました。**

もう何点か指摘させてください。

科学技術調査、これもGDPに関連します。**任期のない研究者を追加しましたね。**研究開発費のうち、今までなかったサービスの開発に関する研究費を追加した。これも、統計委員会から、従前の集計結果との間に断層が出る可能性があるよ、影響をよく検証する必要があるという注書きが入っています。

作物統計。**今まで入っていなかったソバ、菜種を追加しました。**さらに、**主要生産県の増減値から全国生産を推計する方法に変えました。これによって三％程度の誤差が出る**と言われています。

もう二、三。

木材統計。これまで四十七県で調査していました。しかし、**主要取扱県三十県に限る**ということをやりました。

鉄道車両統計。これまで、十名以上の九十四社しか対象じゃありませんでした。**全事業所に拡大した結果、統計調査対象事業所は二百七、倍以上に広がりました。**これも、誤解を招かないよう適切な対応をすべきだと統計委員会から指摘されています。

最後に、商業動態調査。**家電、ドラッグストア、ホームセンター、合計十数兆円の**

売上げを捕捉した、そしてGDPに反映したのではないかと思われます。

今も、リフォーム市場を調査していますよね。

それこれ含めますと、今までおっしゃってきた国際基準への適合と、そしてその他項目に加えて、この基幹統計五十三、GDP関連三十八件を、しかも一部トップダウンで進めたことで、極めてこのGDPはかさ上げされた疑惑が高いと思いますが、大臣、いかがですか。

53件も統計手法を見直し、そのうち38件はGDPに関連する。さらに、10件は各省庁からの申請もないのに統計委員会がトップダウンで見直した、というのである。もはや「全身整形」状態。統計が原形をとどめていない。

そして、小川議員はもう一つ注目すべき指摘をしている。

それから、家計調査は関係ないという話ですが、これもちょっと検証が必要ですが、見直しているんですよ。**速報値を出すに当たっても、需要側の数値を縮小して、小売側、供給側の数字を、ウェイトを増している。**そういう形によっても、この数値のウェイトづけを変更しているんです。これはよくまた調べてください。そういうことをやっているんですよ。

小川議員の指摘している「小売側、供給側」の数字というのは、商業動態統計における「小売業計（小売販売価格の合計額）」を指していると思われる。これと家計調査の結果にズレがあることについて、2015年10月16日の経済財政諮問会議において、先にも見た通り麻生大臣がケチをつけていた。

そこで、この「小売業計」を2002年を100として指数化した数字を、先ほどの世帯数×世帯消費動向指数と家計最終消費支出（持ち家帰属家賃を除く）に加えてみよう。**図6-29**のグラフだ。

小川議員の指摘のとおりだ。家計最終消費支出の線が、2015年以降、世帯数×世帯消費動向指数の線を離れ、急に小売業計の方へ近づいているのがわかるだろう。特に2017年は、世帯数×世帯消費動向指数が下落したのに対し、家計最終消費支出も小売業計もプラスになっている。家計調査（世帯数×世帯消費動向指数）の方に合わせると消費が下がる一方なので、小売業計の方に近づくよう、比率を調整したものと思われる。だが、そ

図6-29　補正世帯数×世帯消費動向指数、持ち家の帰属家賃を除く家計最終消費支出、小売業計の推移

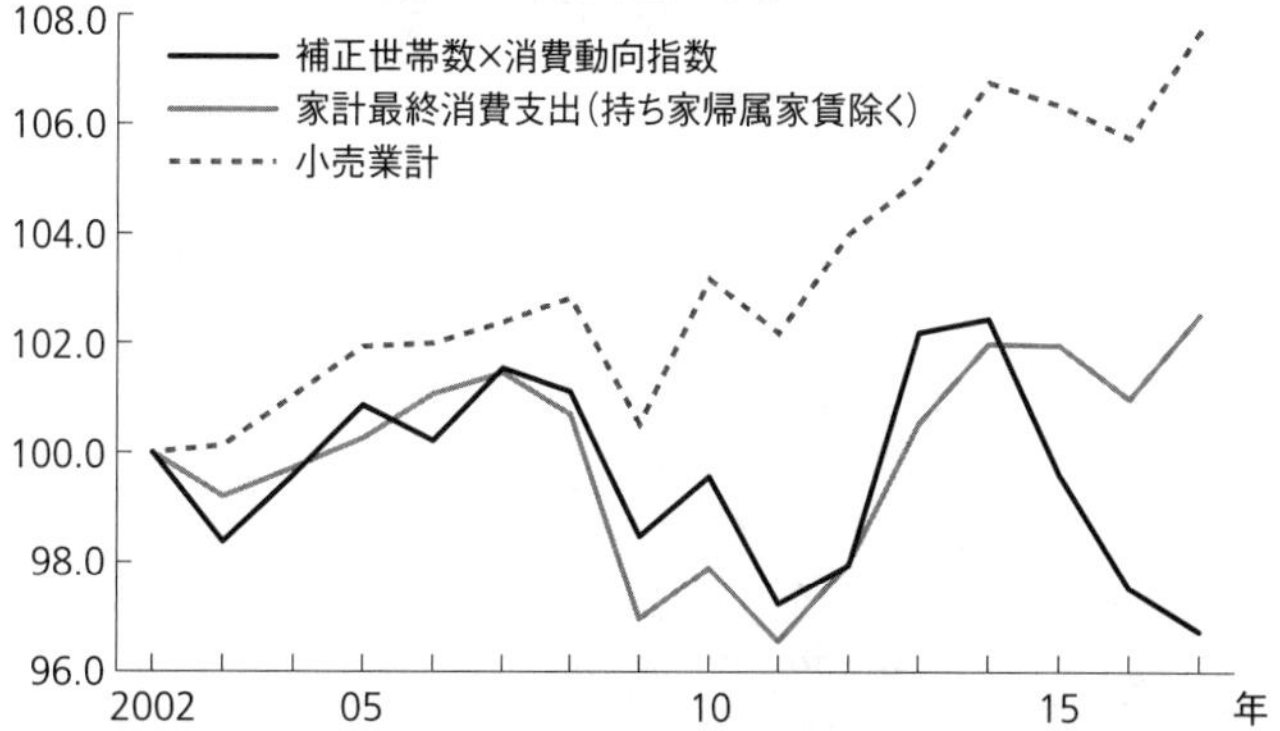

2002年＝100とする指数。

出典：内閣府ホームページ「国民経済計算」、総務省統計局「消費動向指数」、厚生労働省「国民生活基礎調査」、福島県・宮城県・岩手県・熊本県の各ホームページ、経済産業省ホームページ「商業動態統計」

れでも２０１５年は傾向が一致しておらず、小売業計の方は前年比マイナスなのに家計最終消費支出の方は前年と同じで、マイナスになっていない。２０１５年から急に小売業計の数字のウェイトを増したので、こんな現象が起きたのだろう。

もう一度指摘するが、この「小売業計」には、**企業による消費や訪日外国人の消費も入ってしまうので、**こちらのウェイトを大きくしすぎると家計の消費の実態からずれてしまう。そして小売業計の数字も、小川議員が「家電、ドラッグストア、ホームセンター、合計十数兆円の売上げを捕捉した、そしてＧＤＰに反映したのではないかと思われます」と指摘していたとおり、従来よりもかさ上げされていると思われる。つまり、小売業計をかさ上げし、さらに家計最終消費支出の算出において、小売業計のウェイトを増やした、ということだ。二重のかさ上げをしているようなもの。この操作をしていなければ、家計最終消費支出はどれほど悲惨な結果になっていただろう。

日銀にも疑われる内閣府

内閣府が散々怪しいことをしているので、日銀も疑っている。今までの話と時系列が前後するが、２０１８年11月30日付日本経済新聞の記事「政府統計、信頼に揺らぎ　ＧＤＰなど日銀が不信感」から一部を引用しよう。

「基礎データの提供を求めます」。10月11日、政府統計の改善策などを話し合う統計委員会の下部会合で、日銀の関根敏隆調査統計局長は内閣府の統計担当者に迫った。統計委のＧＤＰに関する会合は喧《けん》々《けん》囂《ごう》々《ごう》の議論が続く。中心テーマは内閣府が発表するＧＤＰの精度だ。ＧＤＰは様々な統計を合成して作る「２次統計」で、元データの合成方法は非常に複雑だ。

日銀はこうした統計への不信を募らせ、原データなどを確認して自ら合成を試みたいと訴えている。だが、内閣府は「業務負担が大きい」などと反論。要請に応じて一部データを提供したものの決着は付いていない。

その後、この件に関する続報はない。内閣府は日銀が求めたデータを出さないままである。「出さない」のではなく「出せない」のだろう。インチキをしていることがバレるからである。

ソノタノミクスに関する質問主意書に対する答弁

2019年3月20日、国民民主党の山井議員が、政府に対し、「ソノタノミクス」に関して質問主意書を提出し、同月29日、内閣府がそれに対して回答した。以下、質問と回答及びそれに対する私のコメントを書く。

一　内閣府が作成、公表している「平成二十七年度国民経済計算年次推計（支出側系列等）（平成二十三年基準改定値）の参考資料における『その他』に関する補足について」（以下、本件資料という）では、「四．まとめ（『その他』要因との比較）」の中で、

「その他」の要因について、「本資料で掲げた『一．』から『三．』のそれぞれの項目は相互に影響し合っており、またここに掲げた以外の推計方法変更や基礎統計の反映などの影響もあり」と記載されています。これは、資料にある「その他」要因について、当該資料に記載された項目以外の要因があるにもかかわらず、現時点で公表していないという認識でよろしいですか。また、この点について、今後、公表する予定はありますか。

【答弁】

　お尋ねの趣旨が明らかではないため、お答えすることは困難であるが、平成二十九年十二月二十二日に内閣府経済社会総合研究所が公表した「平成二十七年度国民経済計算年次推計（支出側系列等）（平成二十三年基準改定値）の参考資料における『その他』に関する補足について」（以下「補足資料」という）は、一定の仮定を置いた上で御指摘の「その他」の主な要因について補足して説明されたものであり、その上で、「本資料で掲げた『一．』から『三．』のそれぞれの項目は相互に影響し合っており、またここに掲げた以外の推計方法変更や基礎統計の反映などの影響もあり、これらの要因を厳密に分解できるわけではない」等と説明されているところである。

まず最初に「お尋ねの趣旨が明らかではないため、お答えすることは困難であるが」と前置きをしているところが言い訳がましい。これは要するに「お前の質問がよくわからないので、望むような答弁ではなかったとしても、それはお前が悪い」と言いたいのであろう。聞かれたくないことを聞かれているサインと思えばよいのではないか。そして、答弁の中身を見ると、結局何も答えていない。すでに内閣府の資料で述べていることをそのまま繰り返しているだけ。山井議員は「『その他』要因について、当該資料に記載された項目以外の要因があるにもかかわらず、現時点で公表していないという認識でよろしいですか」と聞いているのだから、「その認識は間違いです」または「その認識でよいです」と答弁すべきだろう。そして、認識が間違っていればそう答弁するはずなので、結局公表されている項目以外にも、別の項目は存在すると見るべきである。

二　本件資料について、「その他」について、二〇一三年（アベノミクス）以降のみ大幅なかさ上げ（平均プラス五・六兆円）となり、一九九〇年代は逆に大幅なかさ下げ（平均マイナス三・八兆円）となってしまう原因についての明示的な説明がありませんが、政府として、このような大きな差が出る理由についての見解を示して下さい。

【答弁】

御指摘の「大幅なかさ上げ」及び「大幅なかさ下げ」の意味するところが明らかではないため、お尋ねについてお答えすることは困難であるが、補足資料では、御指摘の「その他」の主な要因について説明されているところである。

こちらもゼロ回答。先ほどの答弁と同じく「御指摘の『大幅なかさ上げ』及び『大幅なかさ下げ』の意味するところが明らかではないため、お尋ねについてお答えすることは困難であるが」との逃げ口上を先に述べているところがミソ。具体的な数字まで出してかさ上げとかさ下げを指摘しているのに「意味するところが明らかではない」はおかしい。

「補足資料では、御指摘の『その他』の主な要因について説明されているところである」と言っているが、こちらも論点をずらしている。山井議員はなんで2013年度以降のみ大幅なかさ上げとなり、逆に1990年代は大幅なかさ下げになってしまうのか、見解を示せと言っているのだから、「政府としての見解は~である」という形で答えるのが正しい。要するに、もっともらしい言い訳すら思いつかないのでこんな答弁にならざるを得ないのである。

三　本件資料について、建設投資の推計手法の変更により、二〇〇七年度から二〇一二年度のみ、六年度連続でマイナス修正となっているが、その理由を示して下さい。

【答弁】

お尋ねについては、補足資料において、「平成二十三年基準改定においては、建設部門の産出額の推計手法を、これまでのインプットベースによる推計手法から、『建設総合統計』等を用いた工事出来高ベースによる推計手法に変更した。これにより、建設投資は、年度により上方、下方それぞれに改定された」と説明されているところである。

これも答えになっていない。単に補足資料における内閣府の説明を繰り返しているだけ。「なんで6年連続でマイナスになっているのか」と聞いているのだから、特に理由がなければ「偶然である」とでも答弁すればよい。なお、「上方、下方それぞれに改定された」と言っているが、下方改定されたのは、22年度中7回であり、そのうち6回が連続しているからおかしいと指摘しているのである。こちらもうまい言い訳を思いつかなかったため、こんな答弁になったのだろう。

四　厚生労働省「国民生活基礎調査」における世帯数に、総務省「消費動向指数」を乗じた数字を二〇〇二年を百として指数化したもの（以下、世帯数と消費動向指数の数値という）と、政府が公表している二〇一七年度国民経済計算の家計の目的別最終消費支出の構成（暦年）（以下、目的別最終消費支出構成という）を基に、国内家計最終消費支出から、持家の帰属家賃を除いた数値（以下、家計最終消費支出という）を、同じく二〇〇二年を百として指数化したものを比較すると、二〇一四年まではほとんど同じ傾向を示していたのに、とりわけ二〇一五年以降から急に家計最終消費支出の方が、世帯数と消費動向指数の数値の傾向から、数値が大きくなる方に乖離（上振れ）し、その差が拡大し続けています。なぜ二〇一五年以降のみこのような現象が起きるのか、その理由や政府としての見解を示して下さい。

【答弁】

国民経済計算の年次推計における国内家計最終消費支出の推計に当たっては、国民生活基礎調査における世帯数及び消費動向指数は利用しておらず、全数調査に近い商業統計や工業統計といった供給側統計を利用していることから、御指摘の「世帯数と消費動向指数の数値」の動きと御指摘の「家計最終消費支出」を平成十四年の数値を百として指数化したものの動きとを比較することに統計上意味はないと考えられ、お尋ねの「理由」や「政府としての見解」についてお答えすることは困難である。

これが最も重要なのだが、**結局2015年以降のみ異常な乖離が生じる理由について、政府は説明できないのである。**中身を見ても、2019年3月1日の階議員の質問に対する茂木大臣の回答とほぼ同じ。先ほど指摘したとおり、総務省の説明では、四半期別速報に家計調査の結果は用いられており、年次推計はその速報値を修正したものと思われるので、「利用していない」と答弁するのは明らかにおかしい。

また、「統計上意味はない」と切り捨てているが、大いに意味がある。つまり、2015年以降、家計最終消費支出の傾向が、需要側統計である家計調査と一致していないのだから、**「正しい推計が行われていないのではないか」という重大な疑義が生じるのである。**これはGDPの信頼性の根幹にかかわるものであり、断じて「統計上意味はない」などと言えるものではない。

一連の答弁を経て、さらに疑惑が深まったと言えるだろう。それにしても、これらの答弁を見て思うのは、「とりあえず何か言っているだけだな」ということである。これは野党合同ヒアリングに参加していても感じる。質問に素直に答えないため、ボクシングで言えば延々と「クリンチ」をされているようなもの。国会における安倍総理や各大臣の答弁にもこういった傾向が見られる。というより、安倍総理に最もこういう姿勢が当てはまる。トップがそんな状態なので、下の者も自然とそうなるのだろう。

さて、このようにマイナス面ばかり指摘していると「アベノミクスで雇用が回復したし、株価も上がっただろう！」と反論してくる人たちの姿が目に浮かぶところである。

そこで、次の章では安倍総理がよく使う数字について、徹底的に論破する。

第7章　安倍総理の自慢を徹底的に論破する

図7-1　雇用者増加数（2018年と2012年との差）

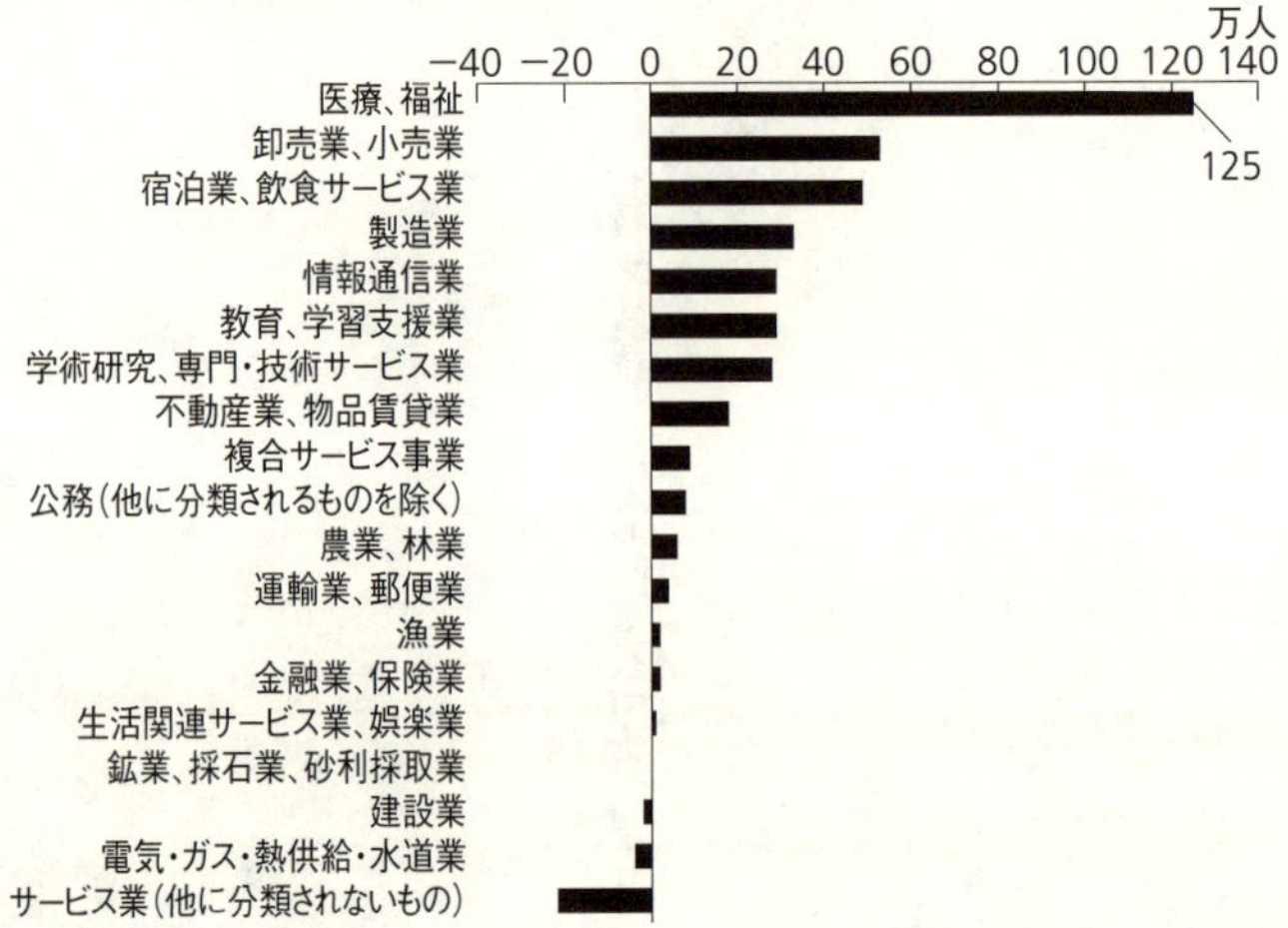

出典：総務省統計局ホームページ「労働力調査」

総雇用者所得

野党側が実質賃金低下を指摘するたびに安倍総理が持ち出すのが「総雇用者所得」すなわち、雇用者の賃金の総額である。確かに総雇用者所得は増えている。この原因は単純で、雇用者が増えているからである。数が増えたから総額が増えるのは当然。

だが、問題は**「それ、アベノミクスのおかげなの？」**ということである。ここで、職種別の増加雇用者数を見てみよう。**図７－１**のグラフだ。これは２０１８年の職種別雇用者数からアベノミクス前である２０１２年の職種別雇用者数を引いたもの。

医療・福祉が2位以下を大きく引き離してぶっちぎりの1位。１２５万人も増えている。

2位と3位を合わせた数よりもなお多い。これは明らかに高齢者の増大が影響しているので、アベノミクスと無関係。

2位の卸売業・小売業も、円安によって恩恵を受けるわけではないし、原材料費の高騰や記録的な消費低迷からするとむしろ被害を受ける方なのでアベノミクスと無関係。

3位の宿泊業・飲食サービス業のうち、宿泊業は円安による外国人旅行客の増加で恩恵を受けるかもしれないが、飲食サービス業は原材料費高騰や消費低迷の影響を大きく受けるので、アベノミクスとは無関係。

4位の製造業はアベノミクスの影響といってよい。しかし、5位以下は基本的に国内需要に頼るものばかりなのでこれもアベノミクスとは無関係。

アベノミクスがしたことは、要するに「円の価値を落とした」だけである。これと因果関係がなければ「アベノミクスのおかげで雇用が増えた」とは言えない。

そして、このように「増えた雇用の内訳」を見ると、アベノミクスと全然関係ないことがよくわかるのである。**アベノミクス擁護派はこの雇用の内訳に絶対触れない。**

消費税増税に円安インフレを被せたおかげで物価が急上昇し、記録的な消費低迷を起こしていることは今まで述べてきたとおりである。かさ上げしてもなお、覆い隠せないくらい悲惨な消費の低迷。GDPの約6割を占める消費が異常に低迷してもなおこれだけ雇用が増えているのだから、アベノミクスなんていう余計なことをしなければ、もっと雇用は増えていた、というべきであろう。

こんなに雇用が増えている要因の一つに、たくさんの企業がフランチャイズで多店舗展開していることが挙げられるのではないか。

フランチャイズとは、フランチャイズに加盟する人や法人が、フランチャイズ本部から、店の名前、サービス、商品を使う権利をもらい、その対価をフランチャイズ本部に支払うという仕組み。権利を与える側をフランチャイザー、権利を付与される側をフランチャイジーと呼ぶ。そしてフランチャイジーがフランチャイザーに払う対価を「ロイヤリティ」という。コンビニエンスストアが典型例。コンビニは日本全国津々浦々にあるが、フランチャイズ店が大きな割合を占めている。

フランチャイズについて何の規制もせず野放しにしておくと、当然フランチャイザー側の力が強いので、フランチャイジーを搾取し放題になる。日本はフランチャイズについて何の法律もないので、やりたい放題になっているのが実情。『コンビニオーナーになってはいけない』(コンビニ加盟店ユニオン+北健一著、旬報社)を読むと、その凄まじい搾取構造

図7-2　フランチャイズ店舗数の推移

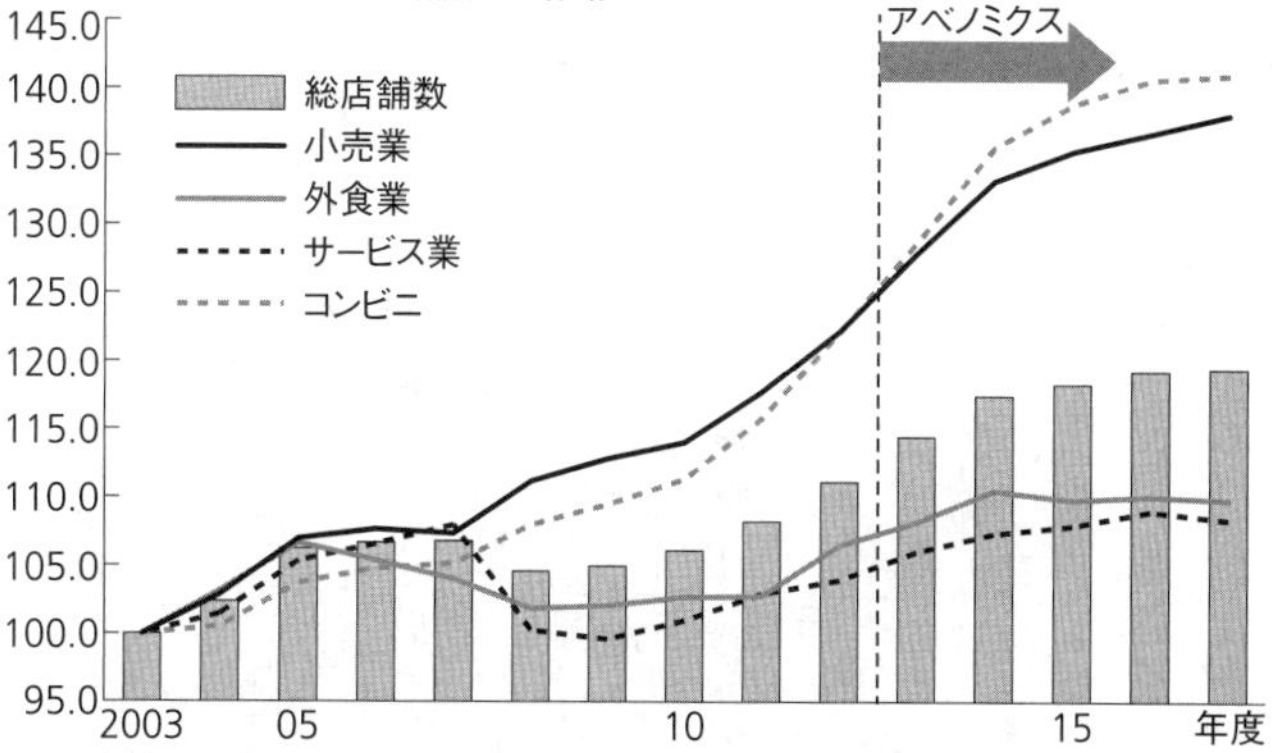

2003年度＝100とする指数。

出典：日本フランチャイズチェーン協会「フランチャイズチェーン統計調査」

がよくわかる。

　フランチャイザーがフランチャイジーを搾取し放題なので、フランチャイザー側は、店舗を増やせば増やすほど儲かる仕組みを作っている。だからあんなにコンビニが多いのだ。そして24時間稼働しているので、人手がたくさん必要になるから、コンビニは莫大《ばくだい》な雇用を生んでいる。さらに、フランチャイズが浸透しているのはコンビニだけではない。他の小売業や飲食業、介護、塾等にも広く普及している。

　フランチャイズ店がどれだけ増えているのか、総店舗数、及び各業種ごとの店舗数の推移を、2003年度を100とした指数で見てみよう。**図7-2**のグラフだ。なお、コンビニは小売業に含まれるが、最も店舗数が多いのでコンビニのみの推移も示す。

　見てのとおり、アベノミクス前から、総店舗数で見ても、また各業種で見ても、フランチャイズ店は増加し続けていた。だが、外食業は2015年度から横ばいになり、サービス業は2017年度に前年度比マイナスを記録した。他方、小売業は伸び続けており、それをけん引しているのがコンビニである。小売業全体の伸びよりもコンビニの伸びの方が上。このような状況なので、増加雇用者ランキングで「卸売業・小売業」が2位なのである。

フランチャイジー側は、いわば「騙された」ような形で契約を結ぶことも多い。甘い言葉で勧誘されるからである。そして、搾取のしわ寄せは最終的には末端の労働者へ行く。アルバイトを低賃金で長時間働かせたり、商品を自腹購入させたりする「ブラックバイト問題」も、私が直接知る範囲では、すべてフランチャイズチェーン（コンビニ、居酒屋、塾等）で発生している。こういう仕組みを放っておくと、店舗増に伴い、低賃金ではあるが労働者は増えていくので、全体で見た賃金総額も増えていくのである。だが、それはアベノミクスとは全然関係ない。フランチャイズという仕組みが生み出しているだけ。

就業者数

「就業者数が増えた」というのも、よく聞く自慢である。就業者数とは、雇用者つまり雇

図7-3　就業者数の推移

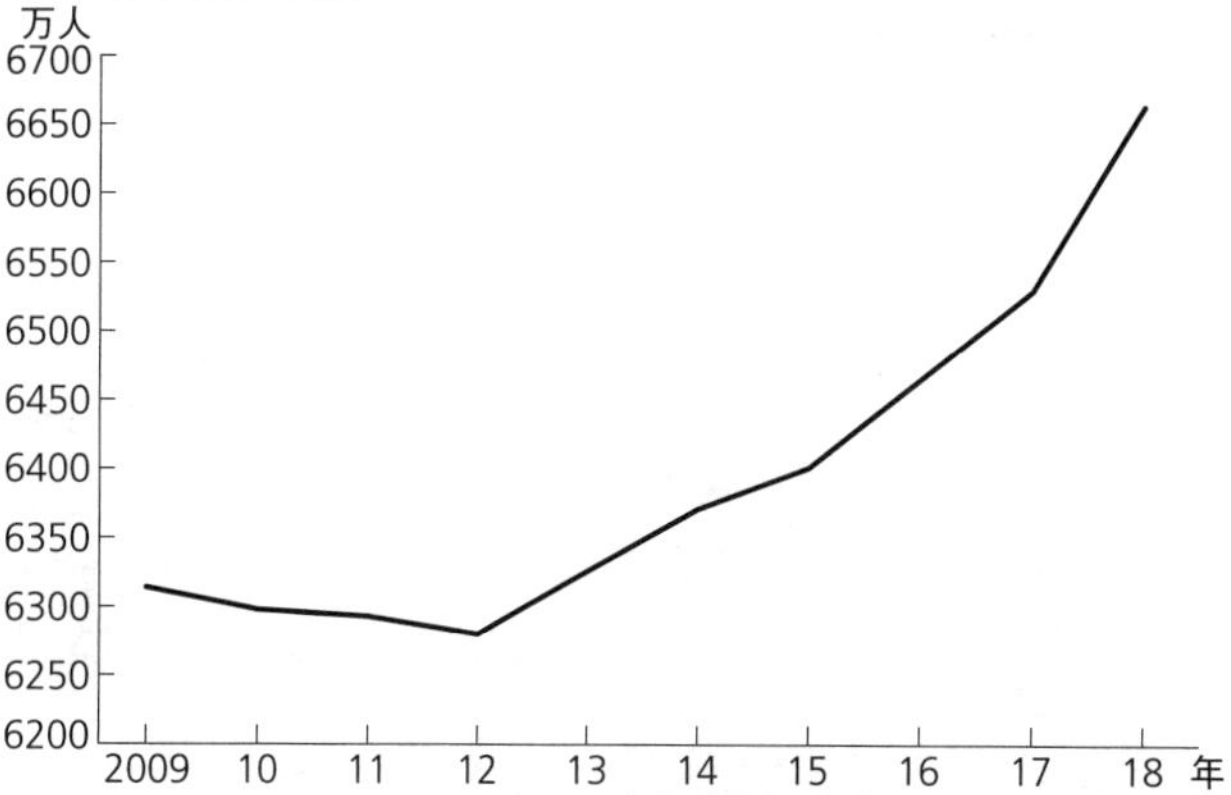

出典：総務省統計局ホームページ「労働力調査」

われている人に、自営業者等も足した数字。確かに**図7－3**に示した**年次データで見ると、**2013年から就業者数が伸び始めたように見える。

しかし、月次データで見ると、真実が浮かび上がる。まず、安倍総理が就任した2012年12月と、2018年12月の年齢階級別就業者数を比較してみよう。**図7－4**の表だ。

このように、全ての年齢階級において、一律に就業者が増えているわけではない。6つの階級のうち、半分は減少しているのである。

そこで、この減っている階級を一つにまとめたものを「減少群」とし、増えている階級を一つにまとめたものを「増加群」としてグラフにしてみると、面白いことがわかる。まずは減少群（25～34歳＋35～44歳＋55～64歳）から見てみよう。**図**

図7-4　2012年12月と2018年12月の年齢階級別増加就業者数比較

（単位：万人）

	15～24歳	25～34歳	35～44歳	45～54歳	55～64歳	65歳以上
2012年12月	463	1181	1505	1315	1185	612
2018年12月	573	1109	1419	1554	1153	881
差	110	−72	−86	239	−32	269

出典：総務省統計局ホームページ「労働力調査」

7－5のグラフだ。

見てのとおり、減少群の減少傾向は、安倍政権以前から始まっており、その傾向がずっと継続している。傾きにも特に変化は見られない。なお、点線は、傾向をわかりやすく捉えられるよう、エクセルの機能を使ってつけた多項式近似曲線である。

次に、増加群（15～24歳＋45～54歳＋65歳以上）の推移を見てみよう。**図7－6**のグラフだ。

増加群の増加傾向は、**安倍政権発足前からすでに始まっており、その傾向がずっと続いているだけ。**だいたい２０１２年の中頃から増加が始まっている。就業者数が増加に転じたのは、この安倍政権以前から始まった増加群の増加ペースが、減少群の減少ペースを上回ったからである。そのタイミングが年次データで見るとたまたま２０１３年だったので、あたかもアベノミクスのお陰で

図7-5　就業者数減少群（25～34歳+35～44歳+55～64歳）の推移

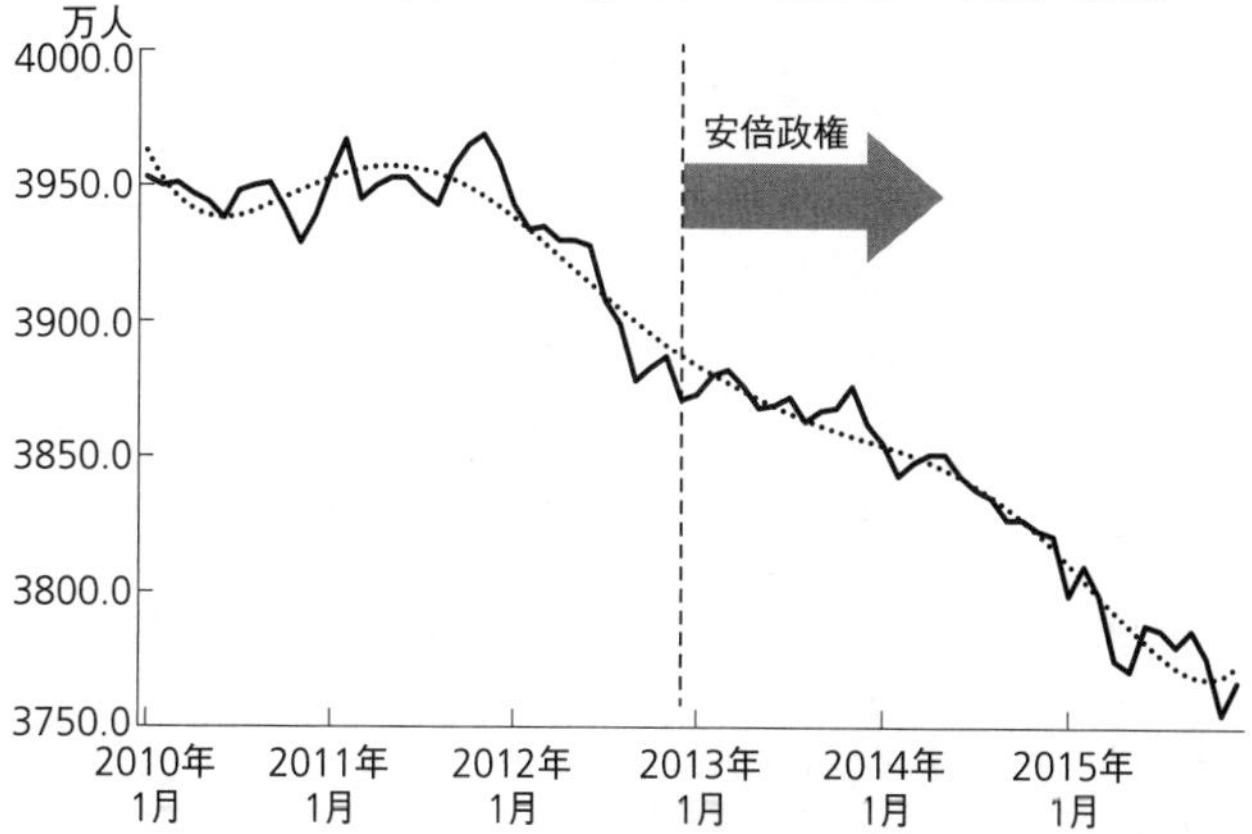

出典：総務省統計局ホームページ「労働力調査」

図7-6　就業者数増加群（15～24歳+45～54歳+65歳以上）の推移

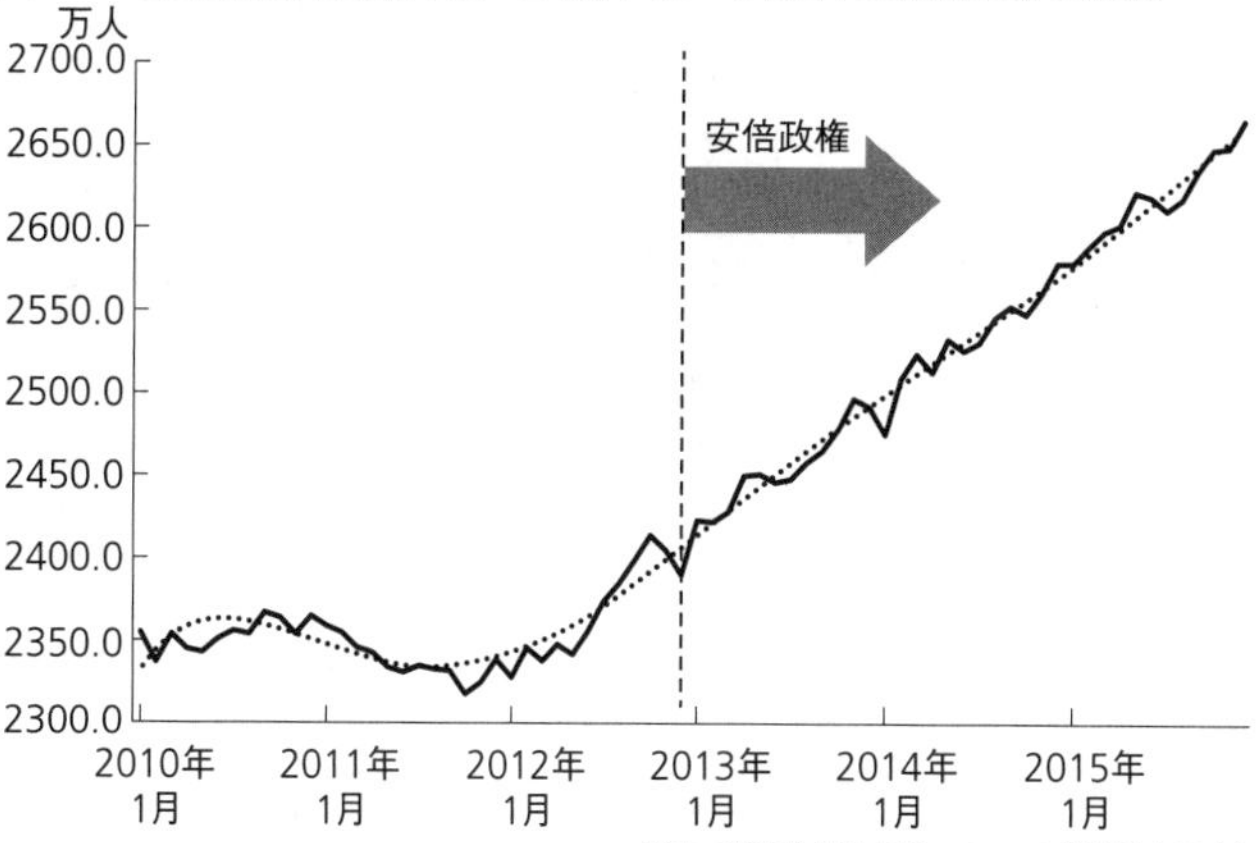

出典：総務省統計局ホームページ「労働力調査」

就業者数が増え始めたように「錯覚」してしまうのだ。先ほども指摘したとおり、増えた雇用の内訳を見ればアベノミクスと関係ないことは一目瞭然。

以上のとおり、就業者数の増加は、ただ単にアベノミクス前から始まった傾向が、そのままずっと継続しているというだけの話。繰り返すが、あれほど異常な消費の停滞がなければ、就業者数ももっと増えていたはずだ。

失業率と有効求人倍率

「アベノミクス前からの傾向がそのまま続いているだけ」というのは、安倍総理がよくも ち出す有効求人倍率と失業率にもあてはまる。**図7-7**のグラフを見ればわかるとおり、有効求人倍率の上昇も、失業率の低下も、共にアベノミクス前から始まっており、アベノミクス開始前後で傾きに全く変化は見られない。

アベノミクス以降もずっと改善傾向が継続しているのは、金融危機が発生していないからである。数字が悪化した時期を見ると、まず1991年のバブル崩壊以降だんだん悪くなっていき、1997年末に発生した金融危機の影響でさらに悪化している。

そして、2003年あたりから徐々によくなってきたが、2008年のリーマンショッ

図7-7　失業率と有効求人倍率の推移

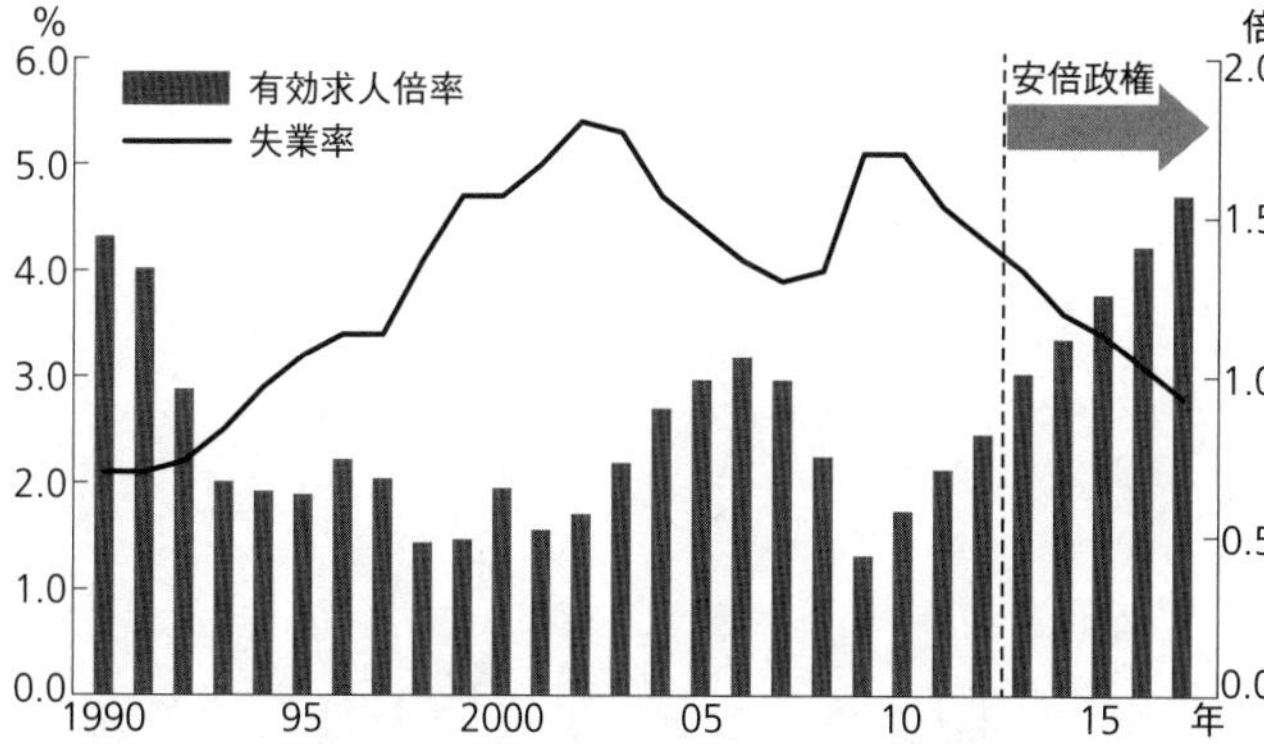

左側縦軸の目盛りが失業率、
右側縦軸の目盛りが有効求人倍率を表す。

出典：総務省統計局ホームページ「労働力調査」、厚生労働省「一般職業紹介状況」

クでまた猛烈に悪化する、という経緯が見て取れる。雇用を最も悪化させるのは金融危機。アベノミクス以降は幸運なことにそれが発生していない。だからずっと改善傾向が続いている。

賃上げ2%

賃上げ2%も安倍総理が賃金のことを突っ込まれると必ず持ち出す数字である。この賃上げ率は春闘における賃上げ率を使っている。問題は、春闘の賃上げ率のサンプルだ。当然のことながら、春闘に参加した組合員しか対象になっていない。そこで、賃上げ率の対象となった組合員数の、全体の雇用者（役員を除く）に対する割合を見てみよう。**図7－8**の表だ。

見てのとおり、アベノミクス以降を見ると、安倍総理が盛んに自慢している賃上げ2％の対象となった労働者は全体の約5％程度しかいない。5％にしか当てはまらない数字を大きな声で自慢し、あたかも国民全体の賃金が上がっているかのように錯覚させようとしている。

しかも、この賃上げ上昇率は名目値である。この上昇率から、消費者物価指数を差し引いた実質賃金上昇率を出すと、実にしょぼい結果になる。**図7－9**のグラフだ。

なんと、民主党時代**最も低かった**2012年の実質賃上げ率1・72％を上回った年は、アベノミクス以降だと、**2016年のたった1回しかない**。2014年なんか大幅なマイナスになっている。このように、実質賃上げ率でみると民主党時代よりもアベノミクス以降の方が圧倒的に低いのである。

株価の上昇

安倍総理が雇用の次によく自慢するのが株価の上昇である。これは「①異次元の金融緩和」「②日銀のETF購入」「③年金資金の投入」が主な要因であって、実体経済を反映していない。①と②の要因はいずれも日銀によるものだから、端的に言えば「日銀と年金」で株価をつり上げている。

図7-8　賃上げ2%達成労働者の割合

（単位：人）

	①対象組合員数	②役員を除く雇用者数	割合（%）
2009年	1,915,245	51,240,000	3.7%
2010年	1,981,938	51,380,000	3.9%
2011年	1,850,050	51,670,000	3.6%
2012年	1,966,439	51,610,000	3.8%
2013年	1,989,509	52,130,000	3.8%
2014年	2,689,495	52,560,000	5.1%
2015年	2,727,767	53,030,000	5.1%
2016年	2,687,757	53,910,000	5.0%
2017年	2,768,720	54,600,000	5.1%
2018年	2,900,654	55,960,000	5.2%

出典：総務省統計局ホームページ「労働力調査」、連合ホームページ

図7-9　実質賃金上昇率の推移

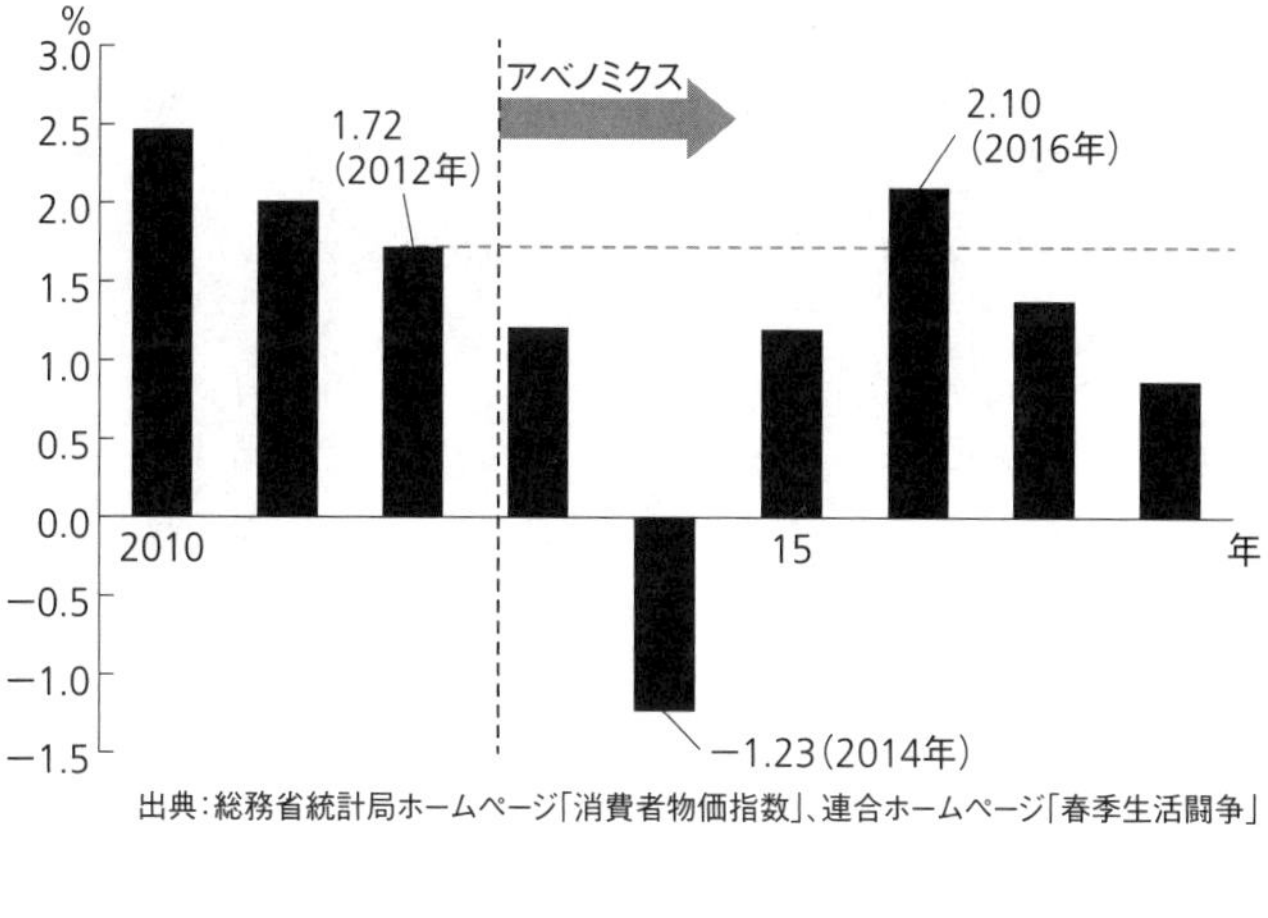

出典：総務省統計局ホームページ「消費者物価指数」、連合ホームページ「春季生活闘争」

まずは①から見てみよう。日銀の異次元の金融緩和により、民間金融機関の保有する国債が爆買いされ、円が大量供給された。円が大量供給されれば、普通に考えれば円の価値は下がる。そう予想した投資家たちが円売りに走ったので、実際に円安になった。円安になると、外貨ベースで見た株価が下がるので、日本株が安売りされるのと同じ状態になり、海外投資家にとっては日本株が購入しやすくなる。さらに、円安になれば輸出大企業が為替効果で大儲けすることが予想されるので、そういった大企業の株価も上がりやすくなる。これらの要因により、株価が上昇する。

東京証券取引所一部上場企業における、投資部門別買い越し金額の推移を示した**図7-10**のグラフを見てみよう。

見てのとおり、2013年は海外投資家の買い越し額が14・7兆円にも達している。東証一部において海外投資家が売買総額に占める割合は6~7割に達するので、この海外投資家の「買い」が2013年における株価上昇の大きな要因である。

ところが、2014年以降になると、海外投資家の買い越し額は減少し、2016年には逆に3・6兆円の売り越しとなっている。これは、リーマンショック時の売り越し額3・7兆円に匹敵する数字である。さらに驚くべきことは、**2018年の売り越し額はリ**

図7-10　投資部門別買い越し金の推移

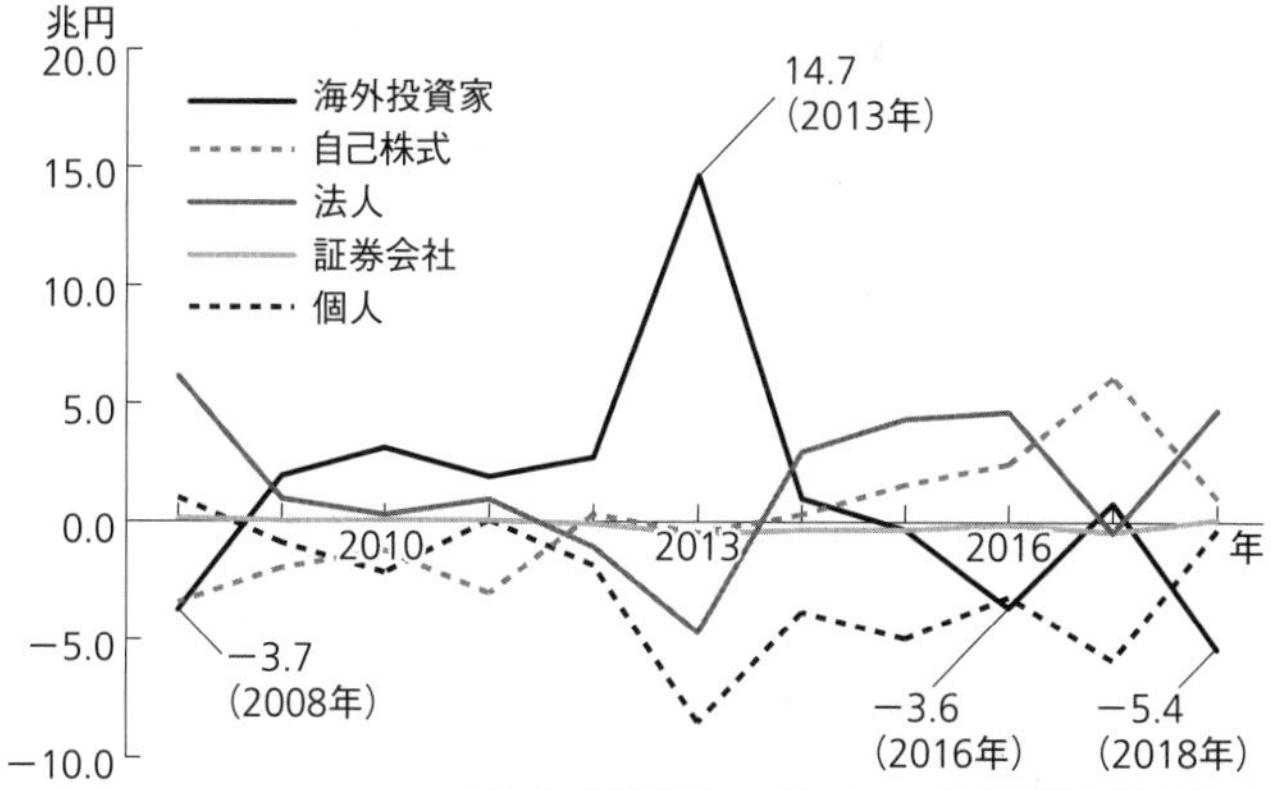

出典:日本取引所グループホームページ「投資部門別売買状況」

ーマンショック時の売り越し額3・7兆円を超え、5・4兆円に達したのだ。

リーマンショック時を超える売り越しとなっているにもかかわらず、どうして株価が下がらないのか。その最も大きな要因は日銀と年金で買い支えているからである。日銀と年金による買い支えは図7－10のグラフでいうと「法人」に該当する。法人の買い越し額は、2014年以降だと、2017年を除いてすべてトップになっている。

次は③の年金から、先に説明しよう。ここで「年金」と言っているのは、正確にはGPIF（Government Pension Investment Fund／年金積立金管理運用独立行政法人）すなわち、国民が払った年金保険料のうち、積み立てている分を管理・運用している機関による株式投資のことである。

GPIFは、2014年10月にポートフォリオ（資産構成割合）を変更し、株式への投資割合を約2倍にした。そのため、日本の株式市場に年金資金が大量に投入されることになった。実際の株式の運用額と資産構成比の推移を示した**図7-11**のグラフを見てみよう。

ご覧のとおり、株式の運用額は、それまで20兆円程度だったのが、2014年度には30兆円を超えており、前年度と比べた金額で見ると約1・5倍にもなっている。

それに加えて、②で日銀がETFの購入を増やした。ETFというのは、上場投資信託 Exchange Traded Fund の略。これは、自分で株を購入するのではなく、投資信託会社にお金を預けて、上場企業の株式に投資してもらい、その運用益をもらうもの。

ETFの運用は、日経平均株価や、TOPIX等に連動するようになされる。つまり、市場の平均値に近くなるよう、投資信託会社が株を組み合わせて購入する。したがって、個々の会社の業績とは無関係に株が購入されることになる。**図7-12**のグラフのとおり、日銀はETF購入を増やし続けている。

このETF購入の影響について、2015年4月23日付のみずほ総合研究所の報告書には次の記載がある。

図7-11　GPIFの国内株式運用額と構成比の推移

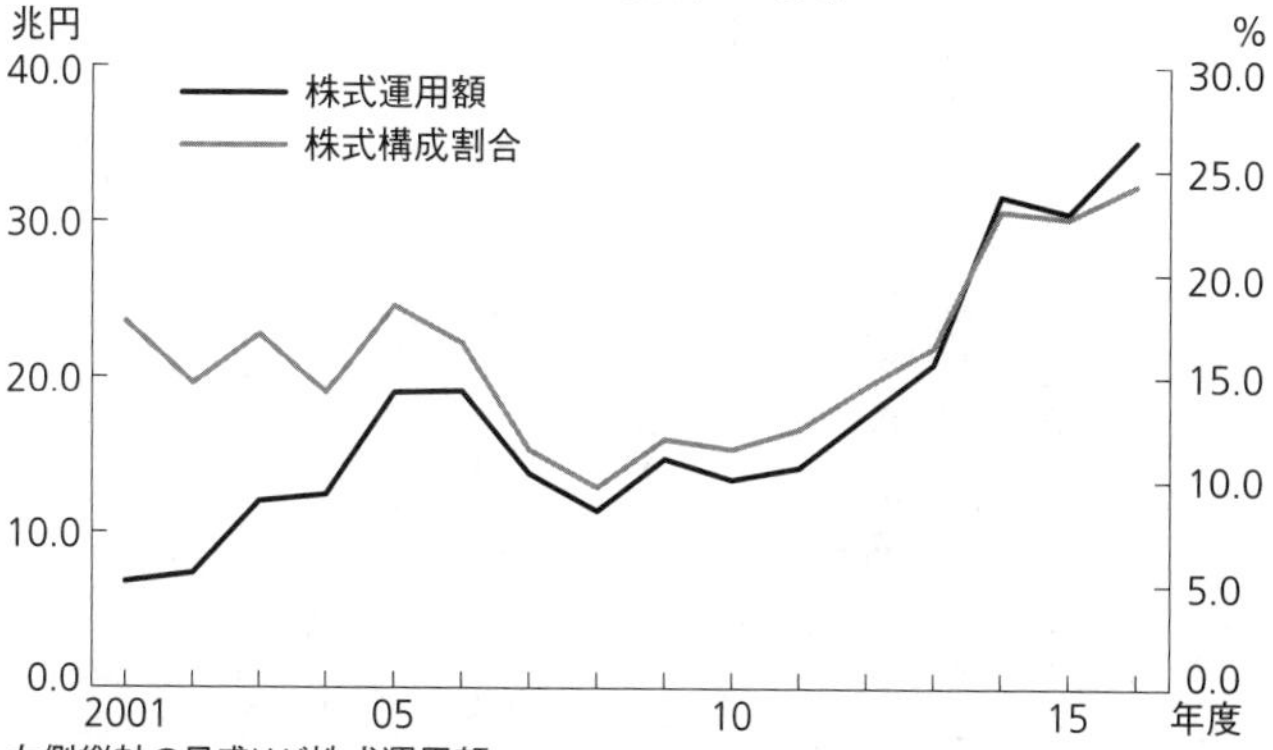

左側縦軸の目盛りが株式運用額、
右側縦軸の目盛りが株式構成割合を表す。

出典：GPIFホームページ「管理・運用状況」

図7-12　日銀によるETF購入額の推移

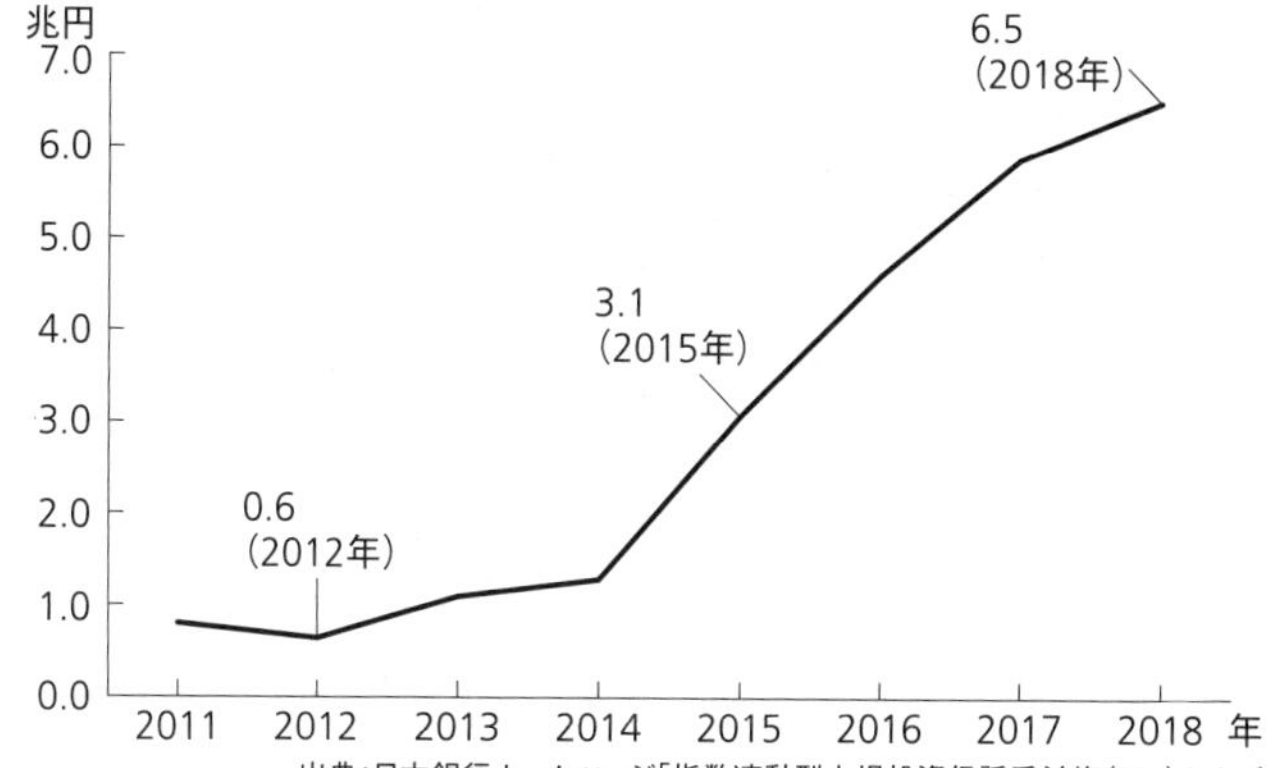

出典：日本銀行ホームページ「指数連動型上場投資信託受益権（ETF）および
不動産投資法人投資口（J-REIT）の買入結果」

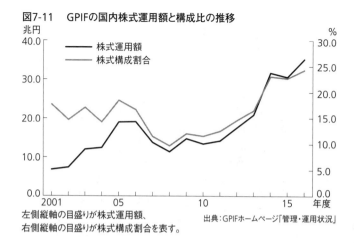

２０１４年11月から２０１５年３月までに日銀がＥＴＦの買入れを実施した営業日数は33営業日に上るが、２営業日を除き、**日経平均株価の前場終値が前日の終値を下回っている日に購入されている。**日経平均株価の前場終値が前日終値を下回った営業日を集計すると、**７割以上の営業日で日銀はＥＴＦを買い入れている。**さらに、その**うち約６割で後場にかけて日経平均株価は持ち直しており、市場の期待も加わって、日銀のＥＴＦ購入が日本株の下落局面で下値を支えていることがうかがえる。**

要するに、株価が下がった時にＥＴＦを購入し、株価を下支えしているのだ。１回当たりの購入額は約７００億円程度であり、市場全体の売買高からすると大したものではないと主張する者もいる。しかし、重要なのは、そのような日銀のＥＴＦ購入が呼び水となり、投資家の株価購入を促進するということである。だから、この報告書にもあるとおり、実際に下支え効果が発生しているのである。効果がなければこんなことはしない。

株価が下がった日は、インターネットで「日銀　ＥＴＦ」と検索してみるとよい。ほぼ間違いなく日銀によるＥＴＦ購入が行われている。中央銀行がこのように株を買い支えするなど、人類史上例がない。したがって、どのような副作用があるのか想像もつかない。

図7-13 安倍総理論破一覧表

自慢	反論
総雇用者所得が増えた	雇用者総数が増えたから総雇用者所得も増えているが、増えた雇用の内訳を見るとアベノミクスと全然関係ない。
就業者数が増えた	アベノミクス前からの傾向がずっと続いているだけ。
有効求人倍率が上がった	
失業率が下がった	
賃上げ2%	全労働者の約5%にしか当てはまらないし、実質値で見ると民主党時代よりはるかに下。
株価が上がった	日銀と年金(GPIF)でつり上げているだけ。

日銀もGPIFも、買い支えを止めると株価が暴落してしまい、大損失を被るので、もはや後に引けなくなっている。安倍総理の自慢する株価上昇の実態はこんなものだ。

ここまでの論破をまとめると**図7-13**の表のとおり。

安倍総理の自慢がいかに空虚なものかよくわかるだろう。アベノミクス以降、世界では特に大きな経済危機もなく、また日本では東日本大震災級の災害も発生しなかった。だから勝手に雇用も改善していたのである。放っておけばもっと消費も伸びたに違いない。そこに消費税増税+円安インフレで無理やり物価を上昇させたことにより、**国民を貧乏にしたのがアベノミクスである。**

アベノミクスは「壮大な賃下げ政策」と言って

よい。円安になればドルなどの外貨ベースで見た日本国内労働者の給料は下がるので、グローバルに活動する一部の輸出大企業からすれば賃金カットするのと同じ。その一方で、為替差益で大儲けできる。このように一部の企業のみが利益を得る政策である。他方、我々国民は円安による物価上昇で生活が苦しくなる。

日本人には、「円安は善」という強烈な思い込みがあるようだが、物価と賃金の推移をよく見なければならない。結局円安インフレによる物価上昇以上に賃金が伸びなければ実質賃金が下がって生活が苦しくなるだけ。そして、アベノミクスは「円安インフレによる物価上昇以上に賃金が伸びることはない」ということを壮大な社会実験によって証明したと言える。当然だ。円安インフレを引き起こせばまず先に実質消費が停滞し、国内需要に頼る企業は儲からない。だから賃金は伸びない。

さて、国民からの抵抗が強い法案を次々に成立させ、公文書を改ざんし、統計手法も散々変更し、国会では明らかに時間稼ぎ目的の答弁を繰り返す等、安倍政権がどうしてこんなにやりたい放題になるのか、次章ではその点について分析する。

第8章　どうしてこんなにやりたい放題になるのか

図8-1　小選挙区の得票数と投票率の推移

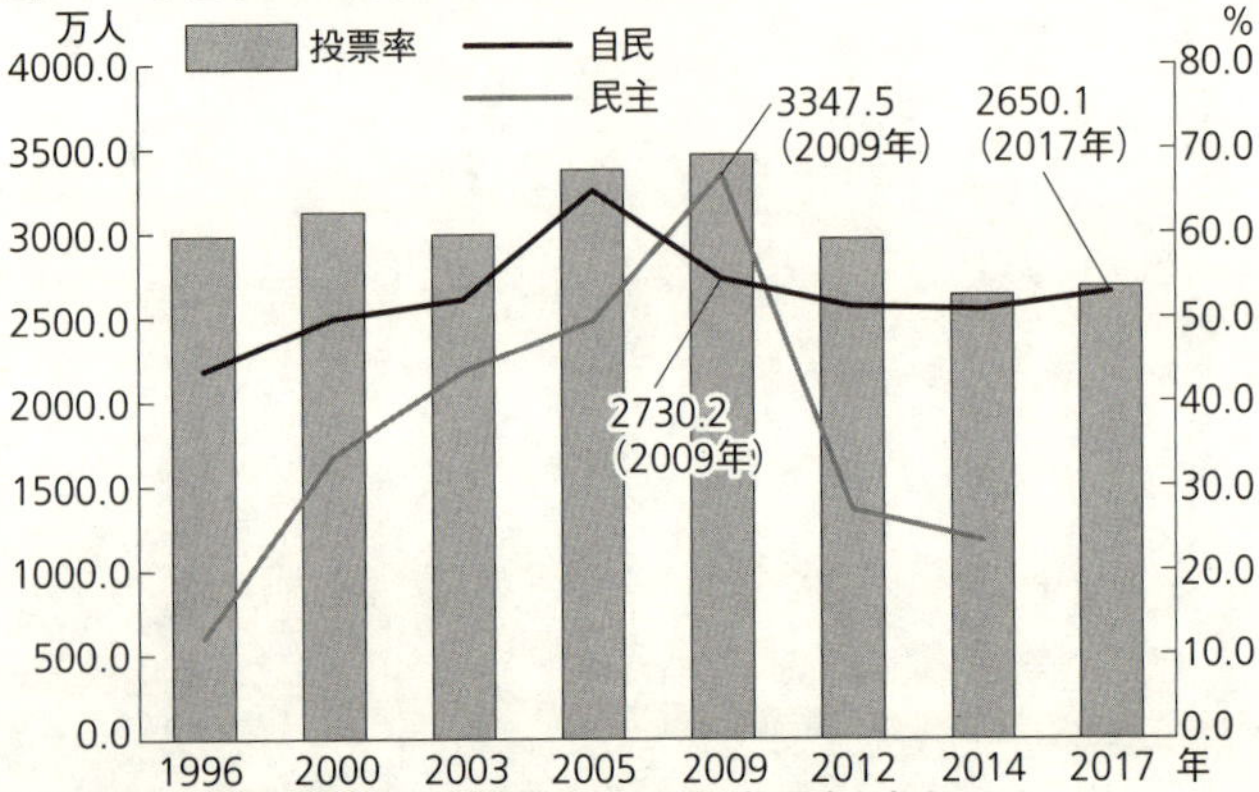

左側縦軸の目盛りが得票数、右側縦軸の目盛りが投票率を表す。

出典：総務省ホームページ「衆議院議員総選挙・最高裁判所裁判官国民審査　速報結果」

大前提を欠いた小選挙区制

図8－1のグラフは過去8回の衆議院議員総選挙における小選挙区の得票数（自民党と民主党）と投票率の推移を示したものである。

2009年総選挙は自民党が民主党に大敗した選挙であったが、その際の自民党得票数は2730万1982。

それ以降の3回はすべて安倍総理が自民党総裁になってから迎えた選挙だが、得票数で見ると、すべて民主党に大敗した2009年総選挙を下回っている。

「自民一強」と言われると、以前よりもはるかに自民党が強くなったかのように錯覚してしまいそうだが、そうではない。得票数で見れば、自民党の強さはたいして変わっていない。むしろ少し落ちている。

他方、民主党を見てみよう。大勝した2009年総選挙では3347万5335票も獲得しているが、2012年総選挙では崖から落ちたような急降下を見せ、2014年総選挙ではそこからさらに下がっている。そして、ご存じのとおり2017年総選挙では分裂して消滅した。自民党が強くなったのではなく、民主党が勝手に弱くなっていったのである。

これを見ると、自民党は「固定客」が多く、強さがあまり変わらないことがわかる。なお、2005年総選挙の時の自民党の得票数が上がっているが、これは小泉純一郎総理（当時）の郵政選挙の時であり、無党派層の票も呼び込めたのだろう。

他方、民主党は2009年総選挙までずっと右肩上がりだったが、国民の期待を盛大に裏切ったため、2012年総選挙では急落してしまった。投票率の下降と共に民主党の得票数も落ちている。無党派層が離れた影響だろう。民主党は固定客が自民党ほど多くないので無党派層を取り込まないと勝てない。

小選挙区制というのは、二大政党が存在して政権交代を繰り返す状況になることを前提にしている。当然の前提として、その二大政党は力が拮抗《きっこう》していなければならない。そうでないと政権交代が起きない。そして力が拮抗するには、それぞれの政党に同じくらいの「固定客」がいることが前提となると言うべきだろう。二大政党制であるイギリスもアメリカも、昔から二大政党が政権交代を繰り返し、切磋琢磨《せっさたくま》してきた。昔から二大政党制が行われてきたので、それぞれに一定の「固定客」がいる。

しかし、日本は違った。力が拮抗していたのは一時的なものに過ぎなかった。さらに、自民党は歴史が古く、ずっと権力の座にいて利権団体との関係も深いので多くの「固定客」がいるが、民主党はそれが自民党ほど多くはない。無党派層の支持を得なければ自民党には勝てない。結果として「風頼み」の選挙になる。

そして政権を担当した経験がなかったので、いざ政権運営させてみたらグダグダになった。一方に政権を担当した経験がないという点も、他の二大政党制を取る国との大きな違いだった。かつて民主党に投票した人は失望し、その多くは次の選挙で投票することすらしなかった。2012年の総選挙を見ると、投票率は前回の69・3%から実に10%も落ちている。民主党の力は自民党に遠く及ばない状態になり、自民党には対外的な敵がいなくなった。

また、中選挙区制の時は、一つの選挙区から候補者が複数当選するため、党内抗争が存在し、それが自民党内部での疑似政権交代をもたらしてきた。つまり党内の敵と戦っており、それが政治に緊張感をもたらしていた。

しかし、小選挙区制になり、公認権を持つ党執行部が絶大な力を握るようになると、党内抗争も静かになってしまった。党執行部にとっては、対内的にも対外的にも敵がいない状況ができた。

こうなると、好き放題やっても選挙で勝てることになる。現に勝っている。自民党の強固な組織票に対抗し得るのは無党派層だが、無党派層は支持したい政党がないので、多くは選挙に行かない。

今の自民党のやりたい放題をもたらしている最大の要因、それは「実力が拮抗している二大政党がある」という前提が欠けているのに小選挙区制が採用されている、という点だろう。この前提がなければ一党独裁状態になってしまうのは当然である。昔から一定の「固定客」に支えられ、政権担当経験があり、力が拮抗した二大政党が存在するイギリスやアメリカとはその点が大きく違う。結果から見れば、中選挙区制の方がまだましだっただろう。自民党内での派閥抗争があり、疑似政権交代が起きるので、今の政権のように好き放題はできなかったはずである。

今の状態はパン屋さんにたとえるとわかりやすいかもしれない。野党パン屋は「自民党パン屋のパンはまずいぞ！」とアピールするが、客からすれば「**お前のパンの方がまずかったよ！**」ということになる。

そして、多くの人が「どっちのパンもまずいからいらない」となり、パンを買わないという決定をする。つまり、選挙に行かない。元々固定客の多い自民党パン屋は余裕でそれでもやっていける。パンがまずくても固定客は買ってくれる。

逆に言うと、自民党パン屋にとっては、野党パン屋の悪口を言いまくることが有効な戦略になる。無党派層に「パンを買わない」という決定をさせれば選挙には勝てるからである。安倍総理がいまだに民主党の悪口を言いまくっているのも、選挙戦略としては侮れない。ああやって何度も何度も「民主党よりは今の方がマシ」と刷り込んでおけば「自民党には投票したくないけど、かといって野党側にも投票したくないから選挙に行かない」という選択をさせることができる。先ほどみたグラフの投票率に、それが如実に表れている。

こうした戦い方をされると、自民党パン屋ほど固定客が多くない野党パン屋はカツカツになる。野党パン屋としては「自民党パン屋はまずいぞ！」というだけではなく「野党パン屋のパンはうまいぞ！」とアピールして新しい客を集める必要がある。いくら相手の評判を落としても客が増えるわけではない。客には「パンを食べない」という選択肢があるのだから。しかも、「あそこのパンはまずい」という評判が定着してしまっているため、苦境に立たされている。店名を変えてもその状況はなかなか変わらない。

この状況が変わるとしたら「新しいパン屋がいきなり現れる」場合かもしれない。小池百合子東京都知事を思い浮かべて欲しい。颯爽《さっそう》と現れ、ある時期まで明らかに破竹の勢いであった。「排除します」発言がなければ、希望の党は野党第1党になっていたかもしれない。

小池氏は数多くの「〇〇ゼロ」公約を掲げたが、実現した公約は「ペット殺処分ゼロ」のみ。この公約以外は、「花粉症ゼロ」や「満員電車ゼロ」等どれも実現不可能と言わざるを得ないようなものばかりだ。

それでも、イメージ戦略で都民の心をつかんで知事選と都議選で勝利した。あの失言がなければ国政選挙でも勝利していたかもしれない。中身はカラッポなのに見た目だけはおいしそうなパンを売って人気を集めたのである。

本当はみんなパンが食べたいのだ。しかし、売っているパンがみんなまずそうだった。そこへ、斬新でおいしそうなパンを売る人物が現れたので、みんな飛びついた。しかしパンの中身はスカスカだった。

小池氏レベルの人気を取れる新しいパン屋が現れれば、この自民党やりたい放題状態も一気に変わるかもしれない。だが、そのパンの中身がスカスカであることは御免こうむりたい。

みんなが政治に無関心であるとも思わない。受け皿がないだけ。民主党が大勝した2009年の総選挙は投票率が70％近くもあったのだから。

野党は賃上げを争点に

では野党は何を国民にアピールすればよいのか。私は端的に「賃金を上げる」ということをアピールすればいいのではないかと思っている。結局、アベノミクスの失敗は「賃金がほとんど上がらないのに物価だけ上がってしまって消費が落ちた」ということ。まずは賃金を上げるべきなのに、順番を間違えた。
図8－2のグラフ（図1－5と同じ）のとおり、1994年度からの賃金と物価の推移を見てみると、金融危機が発生した1997年度までは賃金が上昇している。そして、金融危機後、賃金はほぼ一貫して落ち続けている。それと共に、物価も落ちている。賃金が下

図8-2　名目賃金・実質賃金・消費者物価指数の推移

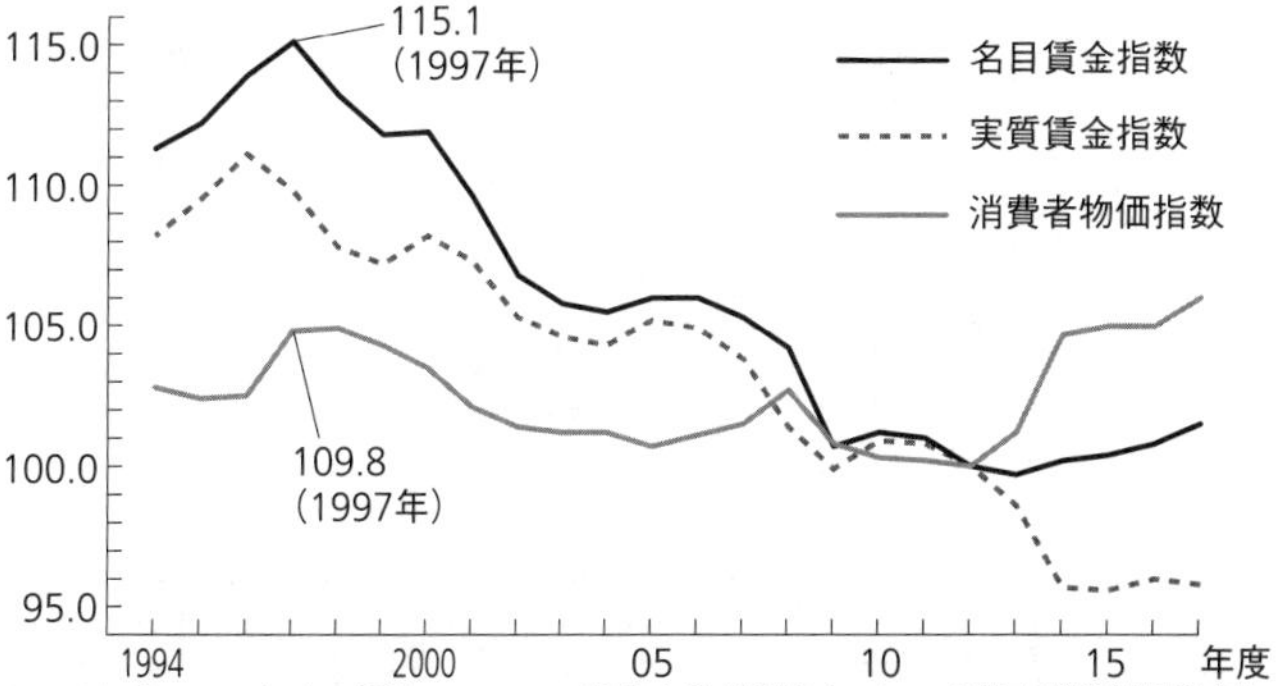

2012年度＝100とする指数。　資料：厚生労働省ホームページ「毎月勤労統計調査」、総務省統計局ホームページ「消費者物価指数」

※これは図1-5と同じものである。前述のとおり、3倍補正に関する修正の有無で2012年以降とそれ以前が不連続となっているので、やむを得ず修正前のデータをそのまま用いている。

がったから物価も下がったのだ。

　金融危機により金融機関の貸し出し能力が著しく低下し、景気が悪くなったので、ある程度賃金が下がることはやむを得なかったかもしれないが、賃金の下落をあまりにも放置し過ぎたのではないか。本来であればあくまで一時的・例外的に位置づけられるべき非正規雇用がずっと拡大し続け、それが賃金を押し下げた。最低賃金の水準も低く抑えられたまま。さらに、いわゆるブラック企業における残業代の不払いも横行している。

　では、安倍政権が賃金を上げるために努力をしただろうか。最低賃金は確かに上げられているが、上がりすぎた物価と比較すれば全然足りない。だから実質賃金がアベノミクス前よりも低い水準なのである。さらに、「残業代ゼロ法案」と言われる高度プロフェッショナル制度も通してしまった。この制度は「時間ではなく成果で評価」などと喧伝されているが、ウソである。単に高年収の高度専門職の残業代をカットし、人件費を抑えたいだけ。最初は年収要件が高めに設定されているが、確実に対象を拡大し、かつて経団連が掲げていた「年収400万円以上は残業代ゼロ」を実現しようとするだろう。

もう一つの残業代ゼロ法案である企画業務型裁量労働制の対象拡大については、ウソのデータをねつ造して法案を通そうとしたが、法政大学の上西充子教授に見破られたことがきっかけで、いったんは断念した。しかし、必ずもう一度通そうとしてくるだろう。なお、企画業務型裁量労働制というのは、一定時間働いたと「みなす」制度。例えば、そのみなし時間が1日8時間だとすると、それ以上何時間働いたとしても、8時間働いたとしかみなされない。高度プロフェッショナル制度と異なり、年収要件もないので、例えば年収200万円の人でも適用されてしまう。

これらの法案はいずれも長時間労働のブレーキを外し、労働者の生命健康に害をもたらす悪法であることに間違いないが、賃金の下落にもつながるので、デフレ要因にもなる。安倍総理はデフレ脱却を目指しておきながら、明らかに矛盾する行動をしている。その上、先ほども言ったとおり、円安は実質賃金の下落をもたらすので、特にグローバル企業にとっては実質的に見て賃下げ効果をもたらす。

結局、安倍政権は徹頭徹尾経営者側に立ち、コストカットをする政策ばかりしているということだ。自民党の有力スポンサーが経団連なので、これは当然の結果だろう。自民党政権だと、構造的に言って労働者側に立った政策を推進することは不可能なのである。

だから、野党が自民党と最も大きな違いを生み出せるのは労働分野であり、具体的には賃金である。今回、安倍政権がウソの賃金上昇率を公表して国民を欺いたことは明らかなのだから、それを逆に最大限利用し、「野党なら賃金を本当に上げられる」ということをアピールしてほしい。

残業代支払い逃れの制度を廃止せよ

賃金について、私がどうにかしてほしいと思っている制度が2つある。一つは今取り上げた裁量労働制。この制度は、先ほど触れた企画業務型裁量労働制と、専門業務型裁量労働制の2種類がある。一定時間働いたと「みなす」制度であり、労働者には出退勤について「裁量がある」とされる。労働者がうまく時間を調整すれば、むしろ働く時間を短くすることも可能と言う人もいる。だが、現実はそうではない。裁量など全くないことがほとんどである。だから単に賃金がカットされる効果しかない。使用者としては労働者を定額働かせ放題にできるため、異常な長時間労働へつながり、過労死、過労うつの温床となっている。**これは廃止すべきである。**

それから、固定残業代。これは一定の決まった金額を残業代として支払うというもの。「基本給30万円、50時間分の残業代を含む」「基本給30万円、そのうち3割は残業代」等と決める「組み込み型」と呼ばれるものや、「基本給25万円、30時間分の残業代として営業手当5万円」と決める「手当型」と呼ばれるものがある。バリエーションが様々あるが「毎月一定の額を残業代として支払う」という点に変わりはない。

例えば固定残業代を含めず、単に「基本給30万円」としている場合と、「基本給25万円、固定残業代として営業手当5万円」としている場合を比べてみよう。いずれも「毎月30万円を固定で支払う」という点に変わりはない。しかし、前者の場合、残業代は30万円に「プラスして」払わなければいけないが、後者については、残業代のうち5万円を払ったことにできる上、残業代算定の基礎となる給料を低くできるのである。

前者と後者で何が違うのか。**「名前が違う」だけである。固定残業代は基本給の一部を**

切り取って残業代に名前を変えているだけ。こんな子ども騙しのテクニックが横行している。

裁判実務でも「残業代とそれ以外の部分が明確に区別されていればだいたいOK」という考えがまかり通っている。もともと、固定残業代が最初に最高裁で争点になった際の事案は「歩合給に残業代が含まれている」と使用者側が主張したものであった。しかし、それだとどこまでが残業代なのか区別できず、本当に残業代が払われているかどうかわからない。だから「残業代とそれ以外の部分が明確に区別されていなければ無効」という判断が下されたのである。

ところが、今度は「じゃあ明確に区別さえされていればOKなんだよね？」という考えが蔓延《まんえん》してしまった。その結果、確かに明確に区分されているが、実態を見れば名前を変えているだけにすぎない固定残業代制度が広まったのである。使用者側にとってはこれほどおいしい仕組みはない。本当は基本給しか払っていないのに残業代を払ったことにできるし、残業代算定基礎時給を低く抑えることができる。なお、この制度を使っても、固定分を超えた残業代は支払わなければならないが、私が見聞きした事案のなかで、固定分を超える残業代が払われていた事案は一つもない。最初から払う気などないのである。

次の要件を満たす場合を除き、固定残業代は無効とすべきだろう。

①固定残業代制を導入する前から、残業時間に応じた残業代が支払われている。

②従前から固定で支払われる給料に**加えて**、固定残業代が払われる形になっている（つまり、固定給の一部を削って名前を変える、という形にならないこと）。

③固定分を超えた場合はその分が支払われている。

この3つの要件を満たすのであれば、単に「名前を変えているだけ」にはならない。きちんと残業代を支払っていた、という実態が先に存在し、それに合わせた制度を作っただけなので労働者側にも不利益はない。だが現在、固定残業代を採用している企業のうち、右記の要件を満たすものはほとんどないだろう。

固定残業代は単に法解釈の問題であるから、厚労省が通達を出して、右記①〜③の要件を満たさない固定残業代は、全て労働基準法37条1項の「通常の労働時間又は労働日の賃金」とみなす、とすればよい。

わかりやすく言うと、「基本給25万円、固定残業代として営業手当5万円」としている企業の場合、単に「基本給30万円」とみなす、ということだ。これで基本給30万円に「プラスして」残業代を払わなければならなくなり、賃金上昇圧力になるし、長時間労働の抑止にもつながる。なお最終的な法解釈は、個別の訴訟において裁判所が決するが、通達の法解釈はかなり重視されるので、ひっくり返される可能性は低いと考える。例えば、「家族手当」や「住宅手当」も、簡単に言うと「名称にとらわれず実態を見て判断すべき」という内容の通達が出されており、裁判実務でもその考え方が用いられている。統計的なデータはないものの、この固定残業代は賃金のかなり大きな下押し圧力になっているはずである。こんなものを放置しているから、賃金が上がらないのだ。

少子化により、人手不足はどんどん悪化していく。その状況の中、先に述べた裁量労働制や固定残業代などの残業代不払いの姑息な手段を残しておくとどうなるか。「低賃金で長時間労働」が蔓延する結果となる。若者が結婚して子どもを産み育てるような経済的・時間的余裕など生まれるはずがない。日本の縮小を加速させていくだけだろう。経営者を甘やかし続けた結果、そのような状況になってしまったのであり、その責任は自民党政権にある。

この状況を変えられるのは、労働者側に立てる政党以外にない。自民党にできないことをアピールしなければ野党は勝てない。

アベノミクスはいわば「上からの経済政策」であった。円安で輸出大企業が潤えば、それがそのうち下にまで浸透していくという、いわゆる「トリクルダウン」的な発想があったのは間違いないだろう。しかし、それが全く実現しなかったことはこれまでの分析から明らかである。

野党側は、「下からの経済政策」を標榜《ひょうぼう》し、まずは労働者の賃金を上げることを最優先してほしいし、それは国民の目から見ても非常にわかりやすい。今国会における統計問題の追及の成果も生かすことができる。

労働者は消費者でもある。労働者の賃金が上がらなければ、日本のGDPの約6割を占める消費も伸びない。そのことを忘れてはならない。

日本の労働者の賃金がいかに不当に抑えこまれてきたか。厚労省「平成27年版 労働経済の分析―労働生産性と雇用・労働問題への対応―」から、「賃金と生産性の国際比較」のページをそのまま引用する（図8－3の表）。

ここでいう「生産性」とは、投入した資源に対する生産量の割合のこと。簡単に言えば、労働者1人あたりが生み出す成果、または労働者が1時間で生み出す成果のことを意味す

図8-3　賃金と生産性の国際比較

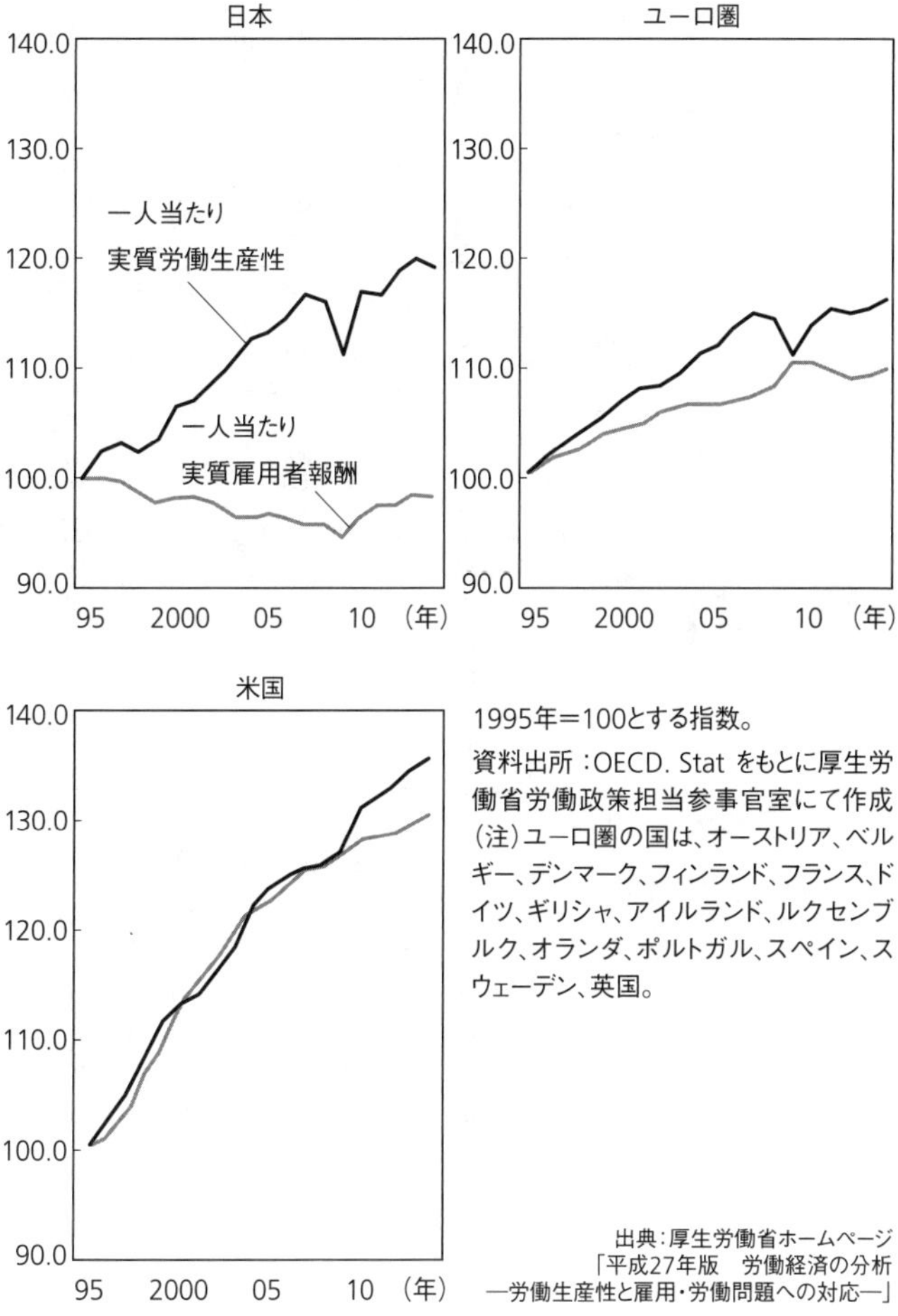

1995年＝100とする指数。

資料出所：OECD. Stat をもとに厚生労働省労働政策担当参事官室にて作成

（注）ユーロ圏の国は、オーストリア、ベルギー、デンマーク、フィンランド、フランス、ドイツ、ギリシャ、アイルランド、ルクセンブルク、オランダ、ポルトガル、スペイン、スウェーデン、英国。

出典：厚生労働省ホームページ
「平成27年版　労働経済の分析
—労働生産性と雇用・労働問題への対応—」

ると考えればよい。米国とユーロ圏では、1人あたり実質労働生産性の上昇と、1人あたり実質雇用者報酬がちゃんと連動して伸びている。しかし、日本を見ると、1人あたり実質労働生産性はきちんと伸びているのに、1人あたり実質雇用者報酬は伸びていない。労働者にきちんと配分がされていないということだ。非正規雇用の拡大や残業代の不払いを放置し、労働者への分配を軽視してきたことがここに如実に表れている。

正当な分配がされていたならば、日本の労働者の賃金はもっと高くなっていたはずである。そして、そのような高い賃金を払えないブラック企業は淘汰されていたはず。「普通に働いて、普通に生きていける社会」を実現してもらいたいと切に願う。

あとがき

私にとって最初の著作『アベノミクスによろしく』を出した際、多くの方から「どうして弁護士なのにこういう本を出したのか」と聞かれたので、それについて書く。

アベノミクスに興味を持ったきっかけは、2016年の最初の頃に、野党側の議員が盛んに「実質賃金が下がった」と言っていたことである。「本当に下がっているのか」と思い、自分で検索してデータをダウンロードして調べてみた。そうしたら本当に下がっていた。しかし、「ではなぜ下がったのか?」については全く報道されていなかったように思う。そこでさらに進んで調べてみた。「実質賃金指数=名目賃金指数÷消費者物価指数×100」である。つまり、2つの指数を基に算出されるのが実質賃金指数。そこで、基になる数字を調べてみたところ、謎は解けた。名目賃金は横ばいだが、消費者物価指数がまるで壁のように上昇していた。これが実質賃金が下落した原因だったのである。

では、実質賃金が下がるとどうなるのか？　きっと消費の低迷が凄いことになっているのではないかと思って調べたところ、目を疑うような急落をしていた。消費がそんな調子なので、もちろん実質GDPも停滞している。

なんでこんな単純なことに気付かないのか……。実質賃金下落をスタート地点にし、その「原因」と「結果」を分析すれば答えは簡単に導きだせる。

「賃金がほとんど伸びないのに物価だけが急上昇したので消費が冷えた」。

たった1行で説明できる単純な失敗である。**ただ単に国民を貧乏にしているだけ。**ほんの一部の人たちを除き、全然利益を得られない史上最低の経済政策。それなのに、世の中はいかにもアベノミクスがうまくいっているかのような雰囲気が醸成されていた。そして安倍総理は「この道しかない！」と言っていた。

こんな状況を前に、当時の私は山火事の第一発見者のような気持ちだった。山火事を発見したら、とりあえずみんなに伝えようとするだろう。そこに深い理由などいらない。このおぞましい失敗をみんなに伝えなければならない。その一心でブログに「アベノミクスによろしく」をアップした。アップ当初は全然注目されなかったが、1カ月後くらいに突然ヒットし、一連のシリーズを合わせると20万アクセス程度になった。

だが、これでは足りない。本にしなければ世の中への訴求力は出ないだろう。ということで、自分で企画書を書き、集英社インターナショナルに送った。半年ぐらい返事がなかったのでもう忘れていたころに連絡があり、2017年10月6日に『アベノミクスによろしく』が出版された。

そして、アベノミクスの失敗は結局財政問題に行き着くが、その財政問題についてさらに深く掘り下げた『データが語る日本財政の未来』を2019年2月7日に発売した。

この2冊には、本書では触れていない「アベノミクスの副作用」が書かれている。恐ろしい事実であり、読むのに覚悟が必要だが、ぜひ多くの方に読んでいただきたいと思う。

さらに第3章で述べたとおり、私が国民民主党の山井議員に呼ばれ、同議員及び同党原口国対委員長らと共に野党合同ヒアリングに臨む中で、新たな事実が次々と明らかになっていった。

国会でも連日統計関係の追及がなされた。本書で引用した追及はほんのごく一部である。国会の質疑はネットで検索すれば見られるし、議事録は公開されている。ニュースで見る映像は一部を切り取っているだけなので、全体を見た時のあまりの印象の違いに驚くと思う。政府側答弁のあまりのいい加減さに。

衆議院予算委員会では、質問時間は、答弁時間と合わせてカウントされる。だから、答弁する側が無駄にだらだらしゃべると質問時間を削ることができるのである。安倍総理をはじめ、答弁者はこのルールを最大限悪用し、聞いてもいないことを延々としゃべり続けるという戦法を取っている。さらに、重要参考人を呼ばないなど、姑息な手段で徹底的に妨害している。ぜひ実際に映像を見てほしいし、映像を見る余裕がなければ議事録を読んでほしい。政府側がいかに逃げ回っているか、そして野党議員がいかに鋭い質問をしているのかがよくわかるはずである。

大失敗に終わったアベノミクスだが、今度はそれを覆い隠すために統計をいじりだした。倒産間際の会社が粉飾決算をしているようなものである。今国会において、野党の追及により、かなりその実態が明らかになってきたと言えるが、国民にそれが十分に伝わっているとは思えない。本書で明らかにした事実は統計破壊の一部にすぎない。この本が広く国民に読まれ、統計破壊追及を後押しする世論を形成することを願う。

２０１９年５月７日　明石順平

図版制作　タナカデザイン

明石順平《あかしじゅんぺい》

弁護士。一九八四年、和歌山県生まれ、栃木県育ち。東京都立大学法学部、法政大学法科大学院を卒業。主に労働事件、消費者被害事件を担当。ブラック企業被害対策弁護団所属。著書に、アベノミクスの失敗や日本財政の問題点を、客観的なデータを用いて指摘した『アベノミクスによろしく』『データが語る日本財政の未来』（共にインターナショナル新書）がある。

インターナショナル新書〇三八

国家《こっか》の統計破壊《とうけいはかい》

二〇一九年六月一二日　第一刷発行

著　者　明石順平《あかしじゅんぺい》

発行者　椛島良介

発行所　株式会社 集英社インターナショナル
〒一〇一-〇〇六四 東京都千代田区神田猿楽町一-五-一八
電話 〇三-五二一一-二六三〇

発売所　株式会社 集英社
〒一〇一-八〇五〇 東京都千代田区一ツ橋二-五-一〇
電話 〇三-三二三〇-六〇八〇（読者係）
〇三-三二三〇-六三九三（販売部）書店専用

装　幀　アルビレオ

印刷所　大日本印刷株式会社

製本所　加藤製本株式会社

ISBN978-4-7976-8038-6　C0233

ハンプトン・ファンチャー（俳優・脚本家）　マイケル・グリーン（脚本家）
渡辺信一郎（映画監督）　ポール・M・サモン（作家）
大野和基（国際ジャーナリスト）　編・訳

ブレードランナー証言録

デッカードはレプリカントなのか？　フィリップ・K・ディックの原作からの影響は？

映画『ブレードランナー』シリーズのクリエーターたちに独占インタビューを敢行。ＳＦ映画の概念を変えた傑作の誕生秘話や制作裏話など、知られざるエピソードを多数収録。舞台となった２０１９年に緊急発売！

インターナショナル新書

040

ことばのトリセツ

黒川伊保子（人工知能研究者）

「あー、いいね」は憧れを、「おー、いいね」は感動を伝える。「感謝します」と「ありがとう」など、同じ意味でも、届く気持ちは語感でまったく変わる。人工知能研究において「ことば」の感性に着目して以来、著者のライフワークである「語感分析」。28年にも及ぶ研究によって積み重ねられた「ことば」についての考察は、男女関係、職場の上下関係、ネーミングなど、あらゆる場で役に立つ「ことばづかい」の極意となった。

『女の機嫌の直し方』で話題の著者、真骨頂！

インターナショナル新書

014

アベノミクスによろしく

明石順平（弁護士）

アベノミクス以降の実質GDPは、民主党政権時代の3分の1しか伸びていなかった！　しかも、2014年度の国内実質消費は戦後最大の下落率を記録。さらにGDPの数値も、算出基準改定のどさくさに紛れて異常なかさ上げが行われていた。

アベノミクスが大失敗しているという事実を、多くの人は知らない。日本にとって最大のリスクであるアベノミクスの「中身」と「結果」を、政府や国際機関による公式発表データを駆使して徹底検証する。

インターナショナル新書

033

データが語る日本財政の未来

明石順平（弁護士）

政府総債務残高の対GDP比が、先進諸国で唯一200％を超えている日本財政。借金返済を先送りした結果、日本は膨大な債務に足を引っ張られ、それが経済成長にも悪影響を及ぼすようになってしまった。

公的データによる150以上のグラフや表を用いて、国債、異次元的金融緩和、人口減少、税収などあらゆる角度から日本財政の問題点を分析。財政楽観論を完全否定し、通貨崩壊へと突き進む日本の未来に警鐘を鳴らす。

久米宏氏、野口悠紀雄氏、推薦！